비슷하면서도 다른 한중문화

차례
Contents

일러두기   · 중국어 발음을 기본 표기로 하되, 중국어 발음이나 해음 설명이 필요하지 않고 의미 전달에만 초점을 맞춘 중국어는 한글한자음 표기로 대체한다.

들어가며

한국과 중국 더 나아가 일본 세 나라의 문화는 종종 여러 측면에서 비교 대상이 되는 주제다. 그래서 '한중일 문화삼국지'라는 단어도 생겨났다. 실제로 이 세 나라의 생활 형태나 사유 방식, 문화와 풍속은 광범위한 분야의 여러 항목에 걸쳐 비교할 수 있다. 그만큼 이들 세 나라가 공유하고 있는 문화적 코드가 많다는 이야기다. 일본에 대한 문화적 연구와 경험은 부족하지만, 필자는 한국과 중국이 일본에 비해서 문화적인 특성상 더 많은 유사성을 갖고 있다고 생각한다. 중국 문화가 전파된 과정도 일본보다는 한국이 공간적으로나 시간적으로 훨씬 가깝기 때문이다. 일본은 한국과 중국에 비해 일찍이 서구 문명을 받아들였으며 스스로 탈아시아적 노력을 해왔다. 그렇기 때문에 일본을 같은 선상에 놓고 문화적 동질성이나 이질성을 비교하기에는 많은 무리가 따른다.

한국이 오랜 세월에 걸쳐 중국으로부터 유가 또는 유교의 영향을 받아왔다는 것은 우리가 익히 잘 알고 있다. 동일 사상에 의해 형성된 가치관은 유사한 사유 방식이나 행동 패턴을 형성하기 마련이다. 한국어 중 많은 부분을 차지하고 있는 한자(漢字)도 중국으로부터 들어온 것이다. 같은 글자를 공유하다 보면 글자 자체를 넘어 언어나 문자와 관련된 사유 방식도 일정 부분 영향을 받아 비슷해질 수밖에 없다. 그래서인지 중국인과 대화를 하다 보면 그들의 의식 속에 한국을 하나의 독립된 문화를 가진 존재보다는 으레 중국 문화의 아류 정도로 생각하는 인식이 깔려 있음을 느낄 수 있다. 하지만 엄밀히 말하자면 우리가 중국의 그것과 유사하다고 느끼고 있는 부분은 중국으로부터 들어온 유가사상(儒家思想)의 영향과 그 언저리 부분의 영역에 국한된다.

비록 한국이 오랜 세월 중국으로부터 적지 않은 영향을 받았으며 일정 부분 같은 문화 코드를 공유하고 있다 하더라도, 한국 문화와 중국 문화의 출발과 형성은 틀림없이 다른 지점에서 시작했으며 민족성 또한 다르다. 지리적 여건도 다르다. 기후 조건도 다르다. 이런 제반 이유만으로도 유사성 속에 많은 상이점이 존재한다는 것을 알 수 있다. 게다가 동일 문화적 요소의 출발점이 같다고 할지라도 전해준 쪽과 전수받은 쪽, 영향을 준 쪽과 영향을 받은 쪽이 계속 같은 모양으로 존재할 것이라고 생각하는 것도 무리다. 전해준 쪽에서 별로 중요시하지 않는 어떤 특정적인 부분을 받는 쪽에서는 그 부분을 확대하거나 자신의 목적에 맞게끔 변형시켜 발전시키는 경우가 허다하다. 실제로 필자는 꽤 긴 세월을 중국과 관련된 분야에서 강의도 하고 교류도 하면서 중국에 대한 선입견이 얼마간 깨어졌다. '이런 부분에서는 한국과 중국이 같을 거야'라고 막연히 생각했던 부분이 의외로 크게 다르다는 것을 여러 차례 경험으로 체득했기 때문이다.

외국의 문화를 이해하는 방법은 그야말로 매우 다양하다. 직접 그 나라의 문화현상에 대해 다각도로 학습하는 방법이 가장 주를 이루겠지만, 우리가 익히 알고 있는 한국의 문화현상을 중국의 그것과 비교하면서 이해를 하면 어떨까 하는 생각이 들었다. 중국학을 공부한 사람이건 아니건 간에 광범위한 독자층이 좀 더 쉽게 중국 문화에 대한 접근이 가능하겠다는 생각에 '비슷하면서도 다른 한중문화'라는 제목을 떠올렸다. 각 나라 대중의 삶 방식과 생활 영역에서 비교 대상이 될 수 있는 항목을 무한정으로 찾아낼 수 있겠지만 제한된 편폭으로 모든 것을 논한다는 것은 물리적으로 쉽지 않은 일이다. 따라서 본 저서에서는 필자가 중국과 교류를 하면서 직접 체험했거나, 우리 일상생활 중 누구나 쉽게 접할 수 있고 공감할 수 있는 부분을 몇 가지 선정해서 살펴보았다. 독자 여러분이 친근한 마음으로 쉽게 읽어 내려갈 수 있도록 중간중간 중국에 관한 상식도 함께 기술했다.

한국 사람의 '우리'
중국 사람의 '우리'

　동양 사회와 서양 사회를 비교할 때 가장 기준점이 되는 것 중 하나가 집단주의와 개인주의를 중심으로 형성된 가치관일 것이다. 집단이라는 단어에 곁들인 의미는 자기 개인의 견해보다는 자기가 속해 있는 그룹의 의사를 우선적 가치로 두는 데 비해 개인주의는 그 반대다.

　한국이 개인주의보다는 집단주의가 우선적 가치관으로 존재하는 사회라는 것은 구태여 긴 말로 설명할 필요가 없다. 우리 스스로가 살아가면서 자연스럽게 느끼는 사실이기 때문이다. 집단주의가 우선시 되는 가치관은 아무래도 유가사상의 영향에서 찾아야 할 것 같다.

한국에서 유가사상은 일찍이 삼국시대부터 그 흔적이 보인다. 고구려는 372년(소수림왕 2)에 태학(太學)을 세워 자제를 교육하고, 지방 곳곳에는 경당을 두어 젊은이에게 유교 경전(經典)과 궁술(弓術)을 연마시켰다. 백제도 거의 같은 시기인 근초고왕 때 박사 왕인(王仁)이 일본에 『논어(論語)』와 『천자문(千字文)』을 전수했다고 한다. 이때도 유교 경전을 연구하는 기관이 설치되고 유학사상이 널리 보급되었음을 미루어 짐작할 수 있다. 신라의 국학(國學) 설립은 682년(신문왕 2년)으로서 교과 내용이 오경(五經)이었다. 이로 보아 삼국시대에 이미 유가사상의 핵심인 오경사상(五經思想)을 정치 이념으로 삼아 국민을 교육하는 원리로 활용했음을 알 수 있다.[1] 고려시대에 비록 약간의 부침은 있었으나 조선시대를 거치면서 유가사상은 국가와 사회의 질서를 유지하는 가장 핵심적인 사상으로서 확고한 지위를 누리면서 발전해 왔다. 한국 사회가 피상적으로 유가사상의 영향에서 벗어나기 시작한 것은 서구적 가치관이 대량으로 유입되기 시작한 1945년 이후로 보아야 할 것이다. 이후 70년이란 세월이 흘렀지만 한국의 역사와 오랜 세월을 함께한 유가사상의 의식은 한국인에게 깊게 뿌리내려 있다. 모 학자가 지적했듯이 한국인은 어떤 종교를 믿건 간에 혹은 어떤 종교의 성직자 건 간에 종교의 종류를 떠나서 한 꺼풀만 벗기면 속 안에 들어 있는 것은 온통 유가적 가치관이나 의식으로 채워져 있다. 이런 까닭에 한국인은 종교보다도 오히려 유가적 가치관을 더 많은 공통분모로 공유하고 있다는 말에 동감한다.

어쨌든 유가는 중국에서 출발했으며 우리나라 사람은 오랜 세월을 거쳐 유가적 교육을 받고 그 영향권 안에 살아왔다. 그러다보니 은연 중 중국인의 유가적 가치관과 이에 따른 많은 점을 공유해왔다고 볼 수밖에 없다. 유가사상이 한국 사회에 끼친 영향에 대해 우리가 좋아하든 아니든 한국의 사회문화를 결정하는 중요한 요소 중 하나가 되었다는 것이다. 한국인의 대인관계나 조직문화는 철저하게 유가사상의 영향 속에서 형성된 것으로 생각해도 무방하다. 유가사상을 전해준 중국도 물론 집단주의적 가치관을 우선시하는 사회라는 데는 이견이 없다.

한국 사람은 왜 '우리'라는 단어를 많이 사용하는가?

집단주의를 잘 표현해줄 수 있는 단어로 '우리', 개인주의를 잘 나타내주는 단어로는 '나'가 있다. 그런데 이상하게도 한국인은 어떤 소속이나 사람과의 관계를 표현할 때 일괄적으로 '우리'라는 단어를 습관적으로 아주 자연스럽게 사용한다. 이에 비해 같은 집단주의적 가치관을 갖고 있는 중국인은 오히려 개인주의적 성향이 강한 '나'라는 표현을 더 많이 쓴다. 예를 들어 한국어의 경우 '우리나라' '우리 집' '우리 가족' '우리 형'…… 등 일반적으로 '우리'라는 표현이 아주 자연스럽게 등장하는데 중국인에게 있어서 이런 표현은 아주 부자연스럽다. '우리' 대신 '나'의 표현이 일반적이다. '나의 나라(我國)' '나의 집(我家)' '나의 형(我哥哥)' 등 같은 집단주의임에도 우리와는 표현 방식에 차이가 있다. 물론 상황에 따라 '우리'라는 표현도 등장하지만 두 나라 사이의 이러한 차이가 단순히 언어 습관의 차이인지 아니면 어휘 뒤에 또 다른 사회적·문화적 함의가 있는지 매우 궁금해졌다.

논리적으로 따지자면 한국식의 표현은 말도 안 되는 경우가 가끔 생긴다. 많은 사람이 함께 공유할 수 있는 '우리나라' '우리 서울 사람' '우리 회사' '우리 집안' 등의 표현은 아무런 문제가 되지 않지만 가족 관계에 있는 '나의 형'이면 '나의 형'이지 집안사람이 아닌 다른 사람과 공유할 수 있는 존재는 아니다. 심지어 '나의 부인' 대신에 '우리 부인'이라는 표현을 아무런 거부감 없이 사용하고 있다. 만약 '내 부인'이라는 표현을 쓰면 오히려 '당신만 부인 있어?'라는 식의 생각을 상대방이 가질 만큼 다소 어색하게 느껴진다. 영어 문화권에서는 물론 이런 경우 모두 '나(my)'로 표현하며 중국어에서도 이와 마찬가지로 '나의(我的, wo de)'로 표현하고 있다. 개인주의 의식이 강한 미국의 경우야 그렇다 치더라도, 같은 유가적 가치관을 갖고 있으며 같은 집단주의적 사고방식을 갖고 있는 중국의 경우는 왜 우리와 표현의 차이가 있을까에 대해 깊이 숙고한 적이 있다.

이 문제에 대해 논리적으로 증명할 정확한 논거를 찾을 길은 없고 다만 필자 개인의 추측에 따라 다음과 같이 생각을 정리한다. 한국 사회와 중국 사회의 집단주의는 유사하고 공통적인 면도 많지만 공동체로 인식하고 있는 기준이 다르다는 점이 나의 중간 결론이다. 한국 사람은 같은 한국인이면 쉽게 하나의 공동체로 인식하는 경향이 있지만 중국인은 같은 지역, 즉 같은 행정구역을 기준 삼아 자기와 친근한 공동체로 인식하는 것 같다. '우리'라는 표현에 대해 두 부분으로 나누어 생각해본다. 하나는 가족을 지칭할 때의 '우리'와 가족의 범주를 벗어나 사회조직을 지칭할 때의 '우리'다.

우선 식구에 관한 호칭에 '우리'를 많이 사용하는 것은 호칭 속에 이미 가족을 최우선으로 한다는 함의가 들어 있다. '우리 아버지' '우리 형' 등의 단어를 사용할 때 '우리'라는 단어는 당신과 나의 의미가 아니라 '우리 집안의 나의 아버지' '우리 집안의 나의 형'이라는 뜻을 함축해서 나타낸다. 사람들과의 대화 속에 이미 가족을 우선시하는 가치관이 깔려 있다. 중국의 경우도 가족에 대한 애착은 기본적으로 한국과 같다고 본다. 다만 한국과 중국의 호칭법이 다른 것은 언어관습의 차이로 보는 것이 좀 더 타당할 것 같다. 좀 더 구체적으로 말하자면 중국인은 가족을 이야기할 때 상황에 따라 '우리' 또는 '나'라는 표현을 달리 쓴다. 가족 구성원끼리 이야기할 때에는 '우리 집(咱家, zan jia)' '우리 아버지(咱爸, zan ba)' '우리 형(咱哥, zan ge)'과 같이 '우리(咱, zan)'라는 대명사를 쓰지만, 가족 외 다른 사람과 대화할 때는 '내 집(我家, wo jia)' '내 아버지(我爸, wo ba)' '내 어머니(我媽, wo ma)' 등의 표현을 쓴다. 하지만 두 경우 모두 '우리(我們, wo men)'라는 표현은 거의 사용하지 않는다. 여기서 '잔(咱, zan)'과 '워(我, wo)'의 차이를 살펴보면, '잔(咱)'은 '나' 또는 '우리'라는 뜻을 갖는 대명사인데 부모형제나 친한 친구같이 관계가 아주 가까운 사이에 쓰는 표현이며, '워(我)'는 일반적으로 아는 사이에서 쓰는 '나' 또는 '우리'라는 뜻이라 이해하면 된다.

공식적인 상황에서는 '나의 집(我家)' 또는 '나의 가정(我的家庭, wo de jia ting)'과 같이 '워(我)' 또는 '워더(我的)'라는 표현을 사용한다.

가족 내에서 독립된 가정, 예를 들면 형제가 결혼해서 분가한 경우 '나의 집(我家)' '너의 집(你家, ni jia)' 등의 표현은 각자의 소가정을 가리킨다. 집안 어른이 살고 있는 집 또는 우리 본집을 가리킬 경우 비로소 '우리 집(我們家, 咱們家)'이라는 표현을 사용한다. 여기서 '우리(我們, wo men 혹은 咱們, zan men)'라는 단어는 비로소 한국에서의 공동체적 친근감을 나타내는 '우리'라는 단어와 뉘앙스가 가장 가까운 단어로쓰인 것이다.

가족의 범위를 벗어나 사회로 확대되면 한국과 중국의 차이점이 좀 더 명확히 드러나기 시작한다. 한국 사람은 타인에 대해서도 일단 어느 정도 친해지면 가족의 호칭을 대입한다. 아저씨, 아주머니, 할아버지, 학교 선후배 사이에서도오빠, 언니, 누나 등의 호칭을 쉽사리 타인에 대한 호칭으로사용하고 있다. 이 이면에는 타인을 가족의 울타리 안으로끌어들여 친근한 관계를 맺고자 하는 의도가 있다고 볼 수있다. 이에 대해 학자들은 한국의 집단주의를 가족 중시형의특징으로 들고 있다. 이런 호칭법은 중국에서는 보기가 쉽지않다, 아주 특별하게 친숙한 관계가 아니라면.

'우리'는 가족과 같은 공동체

한국 사회의 가족 중시형 집단주의는 사회 전체를 마치가족과 같이 보고 이들 구성원에 대해서도 가족과 같은 친

밀한 감정을 가지게 된다. 우리가 아주 자연스럽게 사용하는 '우리나라' '우리 사회'라는 표현 속에는 당신과 나는 이미 한 가족과 같이 가까운 공동체의 구성원이라는 암시가 들어가 있다.

한국 사람은 가족 중시의 집단주의적 특성상 무슨 수를 써서라도 가족과 같은 집단을 만들고 그 안에서 안정을 찾으려고 하는 경향이 강하다. 그런 집단 가운데서 가장 대표적인 것이 출신 지역별 지연관계, 같은 학교 출신 등의 학연관계, 이외에도 그저 같은 점만 있으면 혹은 어떠한 연결고리만 생기면 모임을 만들어낸다. 초등학교 동창회, 중고등학교 동창회, 대학 동창회, 도민회, 군민회, 재경(在京) 무슨무슨 회, 재경 무슨무슨 고등학교 동창회 등, 게다가 무슨무슨 총동창회도 기수별 모임이 따로 있다. 이런 모임에 속하게 되면 구성원들과 대화할 때 아주 쉽고 자연스럽게 '우리'라는 표현을 사용한다. 왜냐하면 하나의 가족이 되었다고 느끼기 때문이다. 하지만 중국의 경우 어느 정도 동호회 모임이 있을 수 있지만 한국 사회와 같이 온갖 출신 배경을 엮어서 각종 모임을 만들어내지는 않는다.

한국과 중국은 국토 면적과 민족 구성원 그리고 역사적 흐름에서 많은 차이가 있다. 한국은 국토 면적이 그다지 크지 않다. 거기에 비해 중국은 남한 넓이의 98배나 되는 엄청나게 넓은 땅덩어리를 갖고 있다. 한국은 상대적으로 단일 민족이라 할 만큼 민족 구성 자체에 대해 이런 저런 복잡한 문제가 없다. 중국의 경우는 상황이 크게 다르다. 중국은 다민족이 함께 모여 살고 있는 일종의 인종 전시장이다. 모두 56개의 서로 다른 민족이 모여 살고 있는데, 전체 인구 중 다수 민족인 한족(漢族)이 약 93%를 차지하고 있으며 그 나머지는 소수민족이다. 한족은 비록 많은 인구를 갖고 있지만 이들이 차지하고 있는 면적은 중국의 45~50% 정도이며, 동북 지역이나 서북과 서남 지구에는 여러 소수민족이 모여 살고 있다. 중국인은 우리나라의 주민등록증과 같은 거민신분증(居民身分證)을 갖고 있는데, 이 신분증에는 자신이 어느 민족 출신인지 표기가 돼 있다. 예를 들면 우리와 같은 핏줄인 조선족의 경우는 '선(鮮)', 한족의 경우는 '한(漢)', 티베트족은 '장(藏)'이라고 쓰여 있다. 이들 한족과 55개의 소수민족이 중국인을 형성하고 있다. 인구도 세계 1위다. 공식적인 통계로 이미 13억을 훨씬 넘어섰다. 엄청나게 많은 인구의 거민신분증에 민족 출신을 표기하고 있다. 이렇게 다민족인 국가에서는 한국 사람들끼리 서로 자연스럽게 사용하는 '우리'라는 표현을 사용하기란 쉽지 않을 것이다. 게다가 같은 한족이라도 지역에 따라 얼굴 생김새나 체형도 다르고 문화적·언어적으로 크게 차이가 난다. 북방과 남방 문화의 차이가 뚜렷하며 좀 더 지역을 세분하면 북쪽의 황하(黃河)지역, 남쪽의 양자강(揚子江)지역, 광둥(廣東)·광시(廣西)·윈난(雲南)·구이저우(貴州)·티베트 등의 화남(華南) 및 서남(西南)지역, 칭하이(青海)·산시(陝西)·간쑤(甘肅)·닝샤(寧夏)·신장(新疆) 등의 서북(西北)지역, 지린(吉林)·랴오닝(遼寧)·헤이룽장(黑龍江) 등의 동북(東北)지역으로 나뉜다. 이들 지역은 같은 국가라고 하기에는 무리가 따를 정도로 문화나 언어에서 커다란 차이점을 보인다.

특히 화남(華南)이나 서남(西南) 지역은 민족 구성이 매우 복잡하다. 이곳에 거주하는 주민의 옷차림은 민족에 따라 다른 것은 말할 것도 없고 이들이 사용하는 언어도 제각각이다. 비록 넓은 범주의 중국어에 속하지만 이들이 사용하는 언어는 민족 간에 잘 알아듣지 못한다. 심지어는 같은 한족(漢族)이라 할지라도 이 지역에서 사용되는 중국어는 북쪽에 사는 중국인이 알아듣지 못한다. 우리가 생각하는 방언 정도가 아니라 완전히 다른 외국어와 같다. 이들 지역의 사람과 북쪽의 중국 사람이 각자 자신의 방언을 사용해서 말하는 것을 동물에 비유하면 마치 오리와 거위가 이야기하는 것 같다고 한다. 외모는 비슷하게 생겼는데 서로 사용하는 언어가 그만큼 다르다는 뜻이다. 그래서 중국에서는 '오리부동속(五里不同俗) 십리부동어(十里不同語)', 즉 '다섯 리만 걸어가도 풍속이 다르고, 십 리를 가면 사용하는 언어가 다르다'라는 말이 있을 정도이다.

서북(西北) 지역 또한 여러 민족과 각종의 문화가 합쳐진 지역이다. 이곳에 사는 주민의 구성도 매우 복잡하여 후이족·티베트족·위구르족과 몽고족 등 다양한 민족이 살고 있다. 이 지역은 아시아와 유럽의 중간 지점에 위치해 있고 중원 지역에서 멀리 떨어져 있기 때문에 중국의 다른 지역에 비해서 황하 문화의 영향을 상대적으로 덜 받았다. 그래서 이곳 문화는 나름대로의 독특한 모습을 그대로 유지하고 있는 경우가 많다. 각 민족의 음식·주택·옷차림·언어와 사고방식은 모두 중국의 다른 지역과 뚜렷한 구별을 보인다. 이곳 주민의 외모도 문화만큼이나 일반 한족(漢族)과는 다르다.

이런 면에서 볼 때 한국 사람이 한국 사람을 만나 대화할 때와 중국 사람이 중국 사람을 만나 대화할 때 같은 선상에서 같은 느낌으로 이야기한다고 볼 수는 없을 것이다. 필자가 중국 친구들과 교류하면서 느꼈던 점은 중국 사람은 타지에서 같은 지역 출신 사람들을 만나면 아주 자연스럽게 '우리(我們, wo men 혹은 咱們, zan men)'라는[2] 단어를 사용한다. 같은 지역의 기준은 행정구역상 아마 같은 성(省) 출신으로 이해하면 될 것 같다. 사실 성(省)이라도 어떤 지역은 남한의 국토보다 큰 성이 몇 개씩이나 있어서 우리가 생각하는 같은 고향의 구역보다는 훨씬 넓다고 할 수 있다. 기본적으로 같은 말투를 사용하기 때문에 외지에서 만나면 모르는 사람이라도 금세 동향임을 확인하고 어투가 가까워지며 '우리 고향 사람(我們老家, wo men lao jia)'이라는 단어를 사용함으로써 친근함을 표시한다. 다른 지역사람과 대화할 때에도 자신의 고향을 표현할 때에는 '우리 고향(我們老家)'이라는 표현을 사용한다. 집단주의의 친근함과 결집력 기준은 중국이라는 국가보다는 고향이 같은 사람들에게 있다는 것을 느꼈다. 즉 모르는 사람을 만나더라도 같은 고향 사람이라면 금방 가까워지고 말투가 금세 변하며 동향 사람에게서 훨씬 많은 동질성을 느낀다. 물론 국가나 사회 전체가 어려운 환경에 처하거나 다른 국가와의 대립이 생기거나 국제 시합 등 특별히 국가 의식을 강조해야 할 상황이 되면 하나의 국가관이나 하나의 민족관이 강력하게 등장하지만 평상시에는 동향 의식이 우선시되는 사회라 할 수 있다.

결론적으로 말해서 '우리'라는 언어 표현방식을 통해 볼 때 한국 사람끼리 중국 사람끼리 서로가 갖고 있는 동질성이나 일체성은 색깔이 다소 다를 수밖에 없는 문화적·지리적 환경을 갖고 있는 것 같다. 같은 중국인이라도 얼굴색이 다르고 문화와 풍속도 다르고 언어도 다른 사람한테 쉽게 '우리'라는 표현을 사용하기란 쉽지 않을 것이다. 거기에 비해 한국은 단일민족이라는 단순한 민족 구성, 상대적으로 적은 인구, 동일 언어 사용 등으로 상대방을 쉽게 자신의 가족 같은 동일권 내에 끌어들일 수 있다고 본다. 하지만 중국의 경우는 민족 구성과 지역 차이가 너무 커서 모든 상대방을 '우리'라고 인식하기는 힘들다. 같은 고향 출신 정도 되어야 같은 언어와 같은 문화적 코드를 갖고 있는 '우리'로 인식하는 경향이 강하다. 즉 집단의식에 대한 기준은 국가보다는 자기가 속해 있는 지역이 우선한다고 본다.

'우리' 속에 숨어 있는 또 다른 얼굴: 배타주의

한국처럼 가족 의식을 기반으로 하는 집단주의적 사고는 서로 모르는 사람끼리도 하나의 가족 같은 공동체 일원으로 간주하여 쉽게 친해질 수 있다. 또한 빠른 속도로 사회 전체의 단결력을 강화시킬 수 있는 긍정적인 측면도 있다. 이는 우리 사회가 갖고 있는 장점이다. 하지만 지나친 가족 중시의 집단주의적 사고방식은 잘못하면 자기 그룹 안의 가족 혹은 집단이 아닌 그룹에 대해서는 매우 배타적인 태도를 취하는 부작용도 있다. 이런 점은 우리 주변의 외국인을 대하는 배타적인 태도에서 종종 드러난다. 오늘날에는 많이 나아지고 있지만 필자가 대학을 다니던 30~40년 전만 하더라도 한국에서 거주하는 중국화교들이 집단주의적 성향의 한국 사회로부터 많은 배척을 받았다. 이들은 틀림없이 한국 사회의 한 구성원임에도 불구하고 직업을 구할 때 매우 엄격한 통제를 받았다. 또한 이들이 한국 사회에서 계속 살아가기 위한 재산권 취득 문제에서도 많은 제한이 뒤따랐다. 화교(華僑)란 이미 한국에서 영주권을 획득해 한국 사회의 한 구성원으로서 살아가는 사람이다. 다시 말해서 한국이라는 가족을 함께 구성하고 있는 일원이다. 그러나 한국 사회는 이들을 우리 사회의 가족이나 집단으로 여기기를 꺼리고 배척했다. 그래서 이를 견디지 못한 수많은 화교가 한국을 떠났다. 중국과의 교류가 활발해지면서 오늘날 화교에 대한 인식도 많이 바뀌었고 그들의 지위도 상대적으로 과거에 비해서 월등히 높아지고 있다.

그런데 요즘은 국제결혼이나 취업으로 인해 동남아 등지에서 적지 않은 사람들이 한국 사회로 들어오고 있다. 이들 또는 다문화가정의 자녀들에 대해서 한국 사회가 어떻게 대하는지 구태여 긴 말이 필요 없다. 특히 제3세계에서 온 외국인한테는 잔인할 정도로 적대적이고 무시하는 태도를 취한다. 우리보다 경제 사정이 좋지 않은 국가 사람이나 피부색이 검은 사람한테 비인간적인 태도를 보이는 사람들에 관한 기사가 가끔 방송에 보도되어 눈살을 찌푸리게 한다. 예외적으로 미국이나 유럽 등 구미(歐美)에서 온 외국인한테는 비교적 우호적인 태도를 취하고 있다지만 이것도 상대적인 문제라고 본다. 과연 한국 사회가 구미 국가에서 온 외국인한테만큼은 진정으로 우호적인지, 아니면 다른 나라가 그들을 대하는 태도에 비했을 때 한국은 여전히 배타적인지 한번 확인해볼 필요가 있다.

한·중 식사 문화의 차이

멀리서도 구별되는 한국 사람 중국 사람의 식사 모습

서양 사람들은 포크나 나이프로 식사를 한다. 이에 비해 한국 사람이나 중국 사람은 식사를 할 때 주로 수저와 젓가락을 사용하는 공통점이 있다. 식사 도구의 모양은 동서양 사람들이 어떤 음식을 먹느냐에 따라서 편리한 용도에 맞게 자연스레 형성된 결과물이다. 이로 보아 식사 도구가 같은 한국 사람이나 중국 사람은 비슷한 형태의 음식을 즐겼을 가능성이 높다. 그런데 멀리서 두 나라 사람이 함께 앉아서 그릇에 담긴 밥을 먹고 있을 때, 누가 한국 사람이고 누가 중국 사람인지 구별이 가능할까? 대답은 '가능하다'이다. 두 나라 사람들이 밥을 먹는 자세가 다르기 때문이다. 우선 한국 사람은 밥을 먹을 때 가끔 고개를 숙여 밥을 먹기도 하나 중국에서는 그렇게 하지 않는다. 필요시 한 손으로 그릇을 받쳐 들고 먹는다. 이에 대한 해석으로 두 가지를 떠올릴 수 있다. 첫째, 중국인들은 고개를 숙여 밥그릇 쪽에 입을 갖다 대는 것은 '돼지'라고 생각하는 관념이 있다. 그래서 어려서부터 고개를 숙이는 것보다 밥그릇을 받쳐 드는 것이 올바른 자세라고 배운다. 또 다른 이유로는 한국 쌀밥은 끈기가 있어서 밥알과 밥알이 잘 붙어 있는 편인데, 중국 쌀밥은 접착력이 약해 밥알이 흩어지는 편이라 젓가락 사용하기가 불편하다. 특히 남쪽에서 생산되는 쌀은 더욱더 그러하다. 따라서 젓가락으로 밥을 들어 올릴 때 자연스레 밥사발을 들어 입 쪽으로 붙여야 밥알이 흩어지는 것을 방지할 수 있다.

또 다른 차이점이 있으니 바로 숟가락의 사용법이다. 우리는 수저라고 하는데, 중국에서 사용하는 수저는 우리와는 쓰임새가 다르지만 일단 외형적으로는 수저로 볼 수 있다. 중국에서는 수저를 '샤오쯔(勺子, shao zi)'라 한다. 모양은 틀림없이 숟가락 모양인데 용법은 우리의 수저와는 다르다. 만약 누군가가 중국 어느 식당에서 식사를 하고 있는데 쌀밥을 중국의 "샤오쯔"로 퍼서 먹는다면 한국 사람이라고 판단

샤오즈(勺子)

해도 거의 빗나가지 않는다. 왜냐하면 중국 사람은 샤오쯔로 밥을 떠서 먹지 않기 때문이다. 샤오쯔의 주요 역할은 반찬이나 국을 먹는데 사용한다. 중국 사람이 밥을 먹을 때는 밥사발을 한 손에 받쳐들고 젓가락으로 쌀밥을 입에 밀어 넣는 모습이 가장 일반적이라 할 수 있다.

각기 다른 한중일의 젓가락 문화

젓가락은 한국·중국·일본인의 식사 도구 중 가장 필수라 할 수 있다. 젓가락의 생김새는 세 나라가 각기 달라서 종종 비교 대상이 된다. 이미 인터넷과 각종 매체를 통해 소개된 내용이지만 여기서 다시 한 번 말하자면 우선 젓가락 길이부터 다르다. 가장 긴 순서는 중국-한국-일본 순이다. 모양도 다르다. 중국 젓가락은 끝이 뭉툭하고 길다. 젓가락 윗부분은 미끄러지지 않도록 네모난 형태고 아랫 부분은 음식을 집기에 편리하도록 둥근 모습을 하고 있다. 한국 젓가락은 중간 길이에다가 납작하며 일본 젓가락은 짧고 끝이 뾰족하다. 중국과 일본의 젓가락 재질은 기본적으로 나무이며, 한국만 금속으로 만든 젓가락을 사용한다. 요사이 중국 젓가락에도 속이 빈 스테인레스 젓가락이 등장하고는 있지만 나무로 만든 젓가락을 압도적으로 많이 사용한다. 이와 같이 각기 다른 모습의 젓가락은 각 나라 음식 문화의 특성을 잘 나타낸다. 중국 음식은 육류가 많으며 튀긴 음식이 많다. 또한 일반적으로 한 끼 식탁에 올라오는 요리 가짓수도 많고 푸짐하다. 여럿이 원탁에 둘러앉아 식사를 하는데 식탁의 크기가 세 나라 중 가장 큰 편이다. 멀리서도 음식을 집기 위해서는 상대적으로 긴 젓가락이 필요하며 육류나 튀김음식을 집기 위해서는 끝이 뭉툭한 것이 유리하다. 일본은 잘 알다시피 생선을 많이 먹는 나라다. 육류 대신에 단백질을 주로 생선에서 섭취한다. 생선에는 가시가 많기 때문에 가시를 발라

먹기 위해서는 젓가락 끝이 뾰족한 것이 유리하다. 일본은 음식 종류도 간단하고 분량도 많지 않은 편이다. 젓가락이 길 필요가 없다. 한국의 경우는 채소 반찬이 주를 이뤄왔다. 김치 등 채소류를 집기 위해서는 젓가락이 넓적한 것이 편리하다. 음식 종류도 중국만큼 대량은 아니며, 과거 대가족 시절에도 모두 함께 한 상에서 먹지 않고 집안 서열에 따라 여러 겸상으로 나누어 먹었기 때문에 젓가락 길이도 중국만큼 길 필요도 없었다.

세 나라 중 숟가락과 젓가락을 함께 사용하는 나라는 한국이다. 그래서 숟가락으로 밥을 먹는 것을 보면 멀리서도 한국 사람임을 알 수 있는 것이다.

젓가락을 잡는 위치도 다르다. 한국 젓가락은 중국 젓가락에 비해 짧은 편이라 자연스레 젓가락 상단을 잡는다. 중국 젓가락은 상대적으로 긴 편이라 일반적으로 젓가락을 사용할 때 자연적으로 가운데나 가운데의 약간 윗부분을 잡게 된다. 긴 젓가락을 위쪽이나 아랫쪽을 잡게 되면 사용하기에 불편하기 때문이다. 또 다른 이유로 전통적인 관념을 들 수 있다. 중국 가정에서 아이들이 젓가락을 잡기 시작할 때 어른들은 통상 젓가락의 중간 부분을 잡도록 가르친다. 너무 윗부분을 잡으면 아이가 자라서 결혼할 때 집에서 멀리 떨어진 곳에서 배우자를 구하고, 너무 아랫부분을 잡으면 집에서 가까운 곳에서 배우자를 구한다고 여기는 전통적 관념 때문이다. 이는 아이가 너무 멀리 떨어지는 것도 원치 않고, 혹은 너무 가까이에서 자신한테 의지하는 것도 원치 않는다는 생각에서 나온 것 같다.

두 나라의 젓가락은 모양이 다를 뿐만 아니라 중국에서는 한국과 달리 젓가락에 여러 가지 문화적 함의를 담고 있다. 한국에서 젓가락은 단순히 식사를 하는 도구로 인식이 될 뿐 그 이상의 의미를 찾기는 어렵다. 하지만 중국의 경우 나름 식사 도구 이상의 의미도 포함하고 있다. 우선 젓가락의 명칭은 시대마다 달랐는데, 과거에는 저(箸)라 했다. 이 글자는 지금도 문서상에서 그대로 사용되고 있다. 글자에서 알 수 있듯이 젓가락의 원래 재질은 대나무[竹]였던 것으로 보인다. 그런데 이 '저'의 중국어 발음인 '주(zhu)'는 '멈추다'라는 뜻의 '주(住, zhu)'와 발음이 같아 '만사가 순조롭지 못하다'는 것이 연상된다. 이에 모든 일이 순조롭게 되기를 기원하기 위해 '멈추다'라는 뜻과 반대되는 '빨리'라는 뜻을 가진 '콰이(快, kuai)'라는 발음에 대나무라는 뜻의 '竹'을 합쳐 '젓가락' 명칭을 콰이(筷, kuai)로 바꿔 사용하기 시작했다는 말이 있다. 물론 오늘날에 이르러서는 '콰이쯔(筷子, kuai zi)'라는 단어를 보편적으로 쓰고 있다.

젓가락과 관련된 중국 풍속

젓가락이 한국과 달리 중국 민속의 한 부분을 차지하는 것은 중국어가 갖고 있는 해음(諧音)이라는 언어적 특성에서 기인하다. 해음이란 간단히 이야기해서 A와 B 두 글자가 서로 다르지만, 같거나 유사한 발음을 갖고 있음으로 해서 A를 이야기하지만 동시에 B의 이미지를 연상(聯想)하게 하는 것이다. 연상이란 어떤 관념에서 다른 관념이 생기는 심리적 현상이다. 특히 중국어에는 해음(諧音)의 특징으로 인하여 어떤 단어를 말하면 같은 발음을 갖고 있는 다른 사물이나 현상의 이미지가 자연스레 떠오르는 경우가 많다. 따라서 언어를 사용할 때 선호하는 단어가 있거나 반대로 입에 올리지 않는 단어가 생겨나게 된다. 특히 각종 불길한 이미지를 연상케 하는 언어나 사물 또는 행위도 기피 대상이 되어서 중국인의 금기(禁忌) 범주를 더욱 광범위하게 만들고 있다. 우리나라에도 이와 같은 경우를 심심치 않게 볼 수 있는데, 가장 가까운 예로 죽을 '사(死)'의 발음과 같은 숫자 '4'의 사용을 회피하는 경향이 있어서 4층이나 4동(棟)의 명칭이 없는 건물이 있다. 특히 병원을 방문할 때 주의 깊게 보면 4층이란 층은 존재하지 않는 경우가 많다. 엘리베이터를 타더라도 4층 단추 대신에 영어 'Four'의 약자인 F층으로 표시하는 경우가 많은데, 바로 금기 때문이라는 것은 쉽게 짐작할 수 있다.

반대로 발음할 때 좋은 이미지가 연상되어 특정 상황에서 특별히 선호하는 사물도 중국인의 일상생활 속에서 쉽게 볼 수 있다. 예를 들어 젓가락은 일상생활 속에서 가장 보편적인 식사 도구지만, 그 기능적 의미 이외에 '콰이쯔(筷子)'와 해음이 되는 '콰이쯔(快子)'라는 말이 연상되어 중국 민속 문화 속에서 선호하는 상징적 도구로 쓰인다. '젓가락'을 뜻하는 '콰이쯔(筷子, kuai zi)'는 '빨리'라는 뜻의 '콰이(快)'와 '아들'이라는 뜻의 '쯔(子)'를 합친 '콰이쯔(快子)'와 발음이 같다. 해음으로 풀이하면 '아들을 하루 빨리 얻으라'는 염원이 담겨져 있는 것이다. 동음이의어지만 좋은 의미로 연상이 되는 두 단어를 상징물과 상징어로 연결시킨 것이다. 이에 따라 전통적으로 딸이 출가하면 혼수품에 신혼부부용 젓가락 두 벌과 밥그릇을 붉은 실로 묶어서 챙겨주는 풍속이 오늘날까지 이어지고 있다. 이 밥그릇도 상징적 의미가 있다. 중국어로 쯔순완(子孫碗: zi sun wan)이라 하는데, 직역하면 '자손을 기원하는 그릇'이라는 뜻이다. 즉 혼수용으로 주는 젓가락과 밥그릇 선물은 단순히 식사 도구를 준비해주는 의미가 아니다. 중국의 전통적인 관념과 염원이 깃들어 있는 상징적인 선물인 것이다. 또한 중국 북방의 농촌에는 젓가락과 관련된 풍속이 있다. 한국에도 과거에 있었던 풍속이지만 약간 다르다. 신혼 첫날밤 신혼부부 방을 몰래 엿보는 풍속이 중국에도 있다고 한다. 이를 중국어로 '나오둥팡(鬧洞房, nao dong fang)'이라고 한다. '나오(鬧)'는 '시끄럽다' '둥팡(洞房)'은 '신혼방'이라 한다. 이날 밤 친지들은 신방 밖에서 안으로 젓가락을 던져주며 아이를 빨리 가지라고 염원하는 풍속이 있단다. 남쪽 광둥(廣東) 지역에서는 신랑이 신혼방에 들어갈 때 구이위안탕(桂圓湯: 찹쌀 가루로 경단을 만들어 뜨거운 물에 삶아서 만든 중화요리)을 먹게 하는데 샤오쯔로 떠먹게 하는 것이 아니라 붉은색 젓가락으로 먹게끔 한다. 구이위안(桂圓)은 일명 용안(龍眼)이라고 하는 한약재 일종인데 '구이(桂, gui)'는 '구이(貴, gui)'와 해음이 되어 '귀하다'라는 뜻과 연결된다. '젓가락'과 '빨리'라는 뜻의 '콰이쯔' 해음과 결합하여 '귀한 아들을 빨리 낳으라'는 염원을 담고 있는 풍속이다. 중국은 이렇게 동음이의어에서 연상한 언어인 해음 활용 관습이 실생활 곳곳에 배어 있다.[3]

젓가락 사용할 때의 주의 사항

일반적으로 한국과 비슷한 상황이라 생각된다. 예를 들면 젓가락으로 밥그릇 두드리는 행위(이는 마치 거지가 밥 동냥할 때 하는 행위와 같다), 젓가락을 밥그릇에 꽂아놓는 행위(이는 제사지낼 때 고인의 밥그릇에 하는 의식이다), 젓가락으로 반찬이나 요리를 휘젓는 행위, 젓가락을 입에 넣고 빼는 행위, 젓가락을 이쑤시개 삼아 입 안에 넣고 이를 쑤시는 행위 등이 있다. 이외에도 우리나라에는 없지만 중국에서는 주의해야 해야 할 행위로 소위 삼장양단(三長兩短), 선인지로(仙人指路), 당중상향(當衆上香), 교차십자(交叉十字)라는 것이 있다.

긴 것 셋, 짧은 것 둘(三長兩短)

식사할 때 식탁 위에 젓가락의 길이가 같지 않은 것을 놓아서는 안 된다는 경계의 말이다. 길이가 같지 않은 것을 통상 '삼장양단'이라고 하는데 매우 불길한 것으로 간주한다. 이는 죽음을 나타내기 때문이다. 사람이 죽으면 입관을 위해 관을 짜야 한다. 관을 짜려면 총 5개의 목판이 필요하다. 관의 앞뒤 2개, 양옆 2개, 바닥 1개를 합하여 총 5개다. 그런데 앞뒤 2개는 짧은 목판, 양옆 2개와 바닥 1개를 합하여 3개는 긴 목판이 필요하다. 여기서 '긴 것 셋, 짧은 것 둘'을 의미하는 삼장양단이라는 표현이 생겼다. 재앙이나 재난을 당하여 죽음에 이른다는 불길함을 암시하는 것으로 이를 피하기 위해 반드시 젓가락의 길이를 같게 해야 한다는 의미로 비유된다.

신선이 길을 가리키다(仙人指路)

엄지와 중지, 무명지(약지), 새끼손가락으로 젓가락을 잡을 경우 식지(두 번째 손가락)가 자연스레 앞 방향을 가리키게 된다. 이런 경우 식사를 하면서 자신도 모르게 다른 사람을 가리키게 되어 마치 누군가를 질책하는 모양새가 되니 식지가 상대방을 가리키지 않도록 주의해야 한다.

사람 앞에서 향을 피우다(當衆上香)

이 동작은 원래 다른 사람에게 밥을 퍼서 줄 때 상대방을 조금이라도 도와주려고 하는 동작에서 나왔다. 즉 밥공기에 밥을 담아서 젓가락도 함께 꽂아서 주는 동작인데, 중국에서는 매우 금기시 되는 동작이다. 이는 고인의 제사의식에서 향을 피울 때 그것을 가운데에 꽂아놓는 동작이 연상되기 때문이다.

십자가 모양으로 교차시키다(交叉十字)

자칫 부주의하면 사람들은 젓가락을 식탁 위에 교차해서 놓는 경우가 있다. 이는 마치 'X'자 모양으로 보여 식탁에 같이 앉아 있는 사람을 부정하는 행위가 되므로 젓가락을 놓을 때 주의해야 한다.

비슷하면서도 다른 회식 문화

중국의 하오커 접대 문화

현대사회에 들어와 먹고 마시는 것은 단순히 배를 채우는 문제가 아니라 한국이나 중국에서 모두 중요한 사교 활동의 하나가 되었다. 따라서 회식도 문화의 구체적인 표현이라 할 수 있다. 특히 중국인의 음식에 대한 열정은 여러 경로를 통해 익히 알려진 사실이라 여기서는 구태여 덧붙일 필요가 없다. 중국은 전통적으로 '민이식위천(民以食爲天)'라는 말이 있듯이 '먹는 것을 하늘만큼 최고의 가치'로 여긴다. 사람의 숫자를 셀 때도 사람 수라는 '인수(人數)'대신에 입[口]를 넣어서 '인구(人口)'라는 단어를 사용하고, 중국에서는 호적을 '호구(戶口)'라고 부를 만큼 먹는 문제를 최상위 가치에 두고 있음을 알 수 있다.

인사법에서도 이런 경향이 잘 드러나고 있다. 서양인이 길에서 만나면 "Hello"라고 인사하는 반면 중국의 경우(물론 한국의 경우도 그렇지만) "식사했습니까?"가 주된 인사말이다. 친구나 지인을 만나면 으레 "식사 한번 합시다"라는 말로 친근감을 대신한다. 한국 남자의 경우는 아마도 "술 한잔하자"라는 말을 더 많이 사용할 것이다. 그들이 한 테이블에서 함께 식사를 하는 것은 단순히 같이 먹고 마시고의 의미를 벗어나 일종의 감정을 교류하는 문화의 중요한 활동인 것이다. 통계에 의하면 중국인에게 가장 보편적인 사교 활동은 회식, 체육 활동, 노래방 등 세 가지 활동을 중심으로 전개된다고 한다. 그중 회식이 46.4%로 압도적인 비율을 차지한다.[4]

중국의 회식 문화를 한 마디로 압축한다면 '칭커(請客) 문화' 또는 '하오커(好客) 문화'라고 할 수 있다. 중국에서 사람들과 교류하다 보면 종종 듣는 소리가 "워라이칭커(我來請客, wo lai qing ke)"라는 말이다. 즉 "내가 식사 한번 살게", 또는 "술 한잔 살게"라는 말인데 이는 우리나라 사람도 흔히 주고받는 친교적 회식 문화다.

또한 중국 사람은 사람 사귀기를 좋아하는 편이다. 그래서 '하오커(好客, hao ke)'라는 단어도 존재한다. 여기서 '하오(好)'는 '좋다'는 형용사가 아니라 '좋아한다'는 동사로 사용되었다. '커(客)'는 '손님'이라는 뜻이다. 우리나라 사람도 손님 접대하는 것을 하나의 즐거움과 예의로 여긴다. 물론 사람에 따라 접대하는 마음의 정도 차이는 당연히 존재하겠지만 말이다. 필자가 중국인과 교류하면서 그들이 친구를 접대하는 면이 우리와는 상당히 다르다는 것을 느꼈다. 한 예를 들어보자. 먼저 필자가 직접 겪은 경험담이다. 필자의 중국 친구는 중국의 A도시에서 살고 있는 사람이다. 어느 날 나는 중국의 B도시를 방문할 기회가 있었다. 이를 안 나의 중국 친구는 B도시에 살고 있는 그의 친구 및 친구의 친구들을 동원하여 나를 융숭하게 접대하게 했다. 이런 경우가 한 차례였으면 단지 한 개인의 성향으로 돌릴 수 있는데 유사한 경험을 몇 차례 겪으면서 중국인의 '하오커(好客)'문화를 이해하기 시작했다. 후에 이와 같은 상황에 대해 중국인 친구에게 물어보니 친구와 친구의 친구들을 최대한 동원해서 손님의 체면을 살려주는 중국식 접대 문화라는 것이다. 이와 똑같은 상황이 한국에 있는 우리에게 벌어진다면? 예를 들어 나의 외국 친구로부터 자기 친구가 한국을 방문하니까 잘 부탁한다는 연락이 왔다고 치자. 그 다른 친구는 나와는 초면이다. 이런 경우 우리가 일반적으로 하는 방법은 내 개인차원에서 한국을 방문한 친구를 접대하는 데 그칠 것이다. 나의 모든 친구를 동원해서 그 외국 친구를 접대하는 경우는 아마 흔한 일은 아닐 것이다. 중국의 하오커 문화를 경험하면서 느꼈던 것은 중국인의 접대 관련 대인관계는 개인 대 개인이 아닌 하나의 권(圈)으로 움직인다는 것을 알았다. 즉 내가 중국 친구 하나를 알면 결국은 그 친구가 속해 있는 권이 함께 움직이는 식이었다.

한국은 밥과 반찬, 중국은 요리 개념

한국은 밥과 반찬 위주의 식문화다. 쌀밥 자체는 너무 성

겁기 때문에 밥 하나만을 먹는 다는 것은 음식을 먹는 즐거움과는 거리가 멀다. 담백한 쌀밥을 보조해주기 위해 한국인의 식탁에는 여러 가지 반찬이 등장한다. 중국의 경우는 다르다. 여러분이 중국인의 초대를 받아 어느 식당에서 식사하게 되었다고 가정해보자. 처음부터 여러 가지 요리가 나온다. 손님을 최대한 대접하기 위해 온갖 요리가 나온다. 열심히 먹고 이제는 대충 되었거니 하는데 주식(主食)은 무엇을 먹겠냐고 물어본다. 그럼 내가 지금까지 먹은 것은 무엇인가? 지금까지 여러분이 먹은 것은 밥이 아니라 요리다. 즉 하나하나 독립된 요리인 것이다. 요리를 다 먹고 나서 중국 사람은 한국 사람의 개념인 식사를 하는 것이다.

우리나라 사람의 주식은 쌀밥이다. 중국 사람의 주식은? 하나가 아니다. 지역에 따라 다르다. 북쪽은 주로 밀가루 음식이라 할 수 있고 남쪽은 쌀밥이라 할 수 있다. 북쪽 사람은 주식이 밀가루이기 때문에 만두(饅頭)나 물만두 또는 국수를 많이 먹는 편이다. 물만두는 중국에서 자오쯔(餃子, jiao zi)라고 한다. 하지만 쌀밥을 먹는 경우도 물론 자주 있다.

한국에서 말하는 만두와 중국에서 말하는 만두는 개념이 다르다. 우리가 말하는 만두는 물만두이든 찐만두이든 안에 소가 들어 있는 음식이고, 중국의 만두는 안에 아무 것도 들어 있지 않은 그냥 밀가루로 만든 둥근 덩어리다.

2차 3차는 NO

필자의 경험상 한국이나 중국 사회 모두 회식 문화의 과정 속에 담겨 있는 인정미나 사교의 의미는 비슷한 면이 많지만 한국은 지인들과 회식을 하게 되면 쉽게 헤어지지 못하는 정서를 갖고 있는 점이 중국과 다르다. 인정이 너무 많아서인지 반가운 손님이나 지인들과 식사를 하면 1차로 끝나는 경우가 그리 많지 않다. 그래서 2차 3차라는 단어가 생겼다. 한국에 온 중국 친구들이 매우 신기하게 여기는 부분이다. 중국에서는 손님을 초대하여 회식을 하는 경우 2차 3차의 개념이 없거나 비교적 약한 편이다. 일단 기본적으로 회식은 퇴근 후 시작되는 것이 원칙인데 필자의 경험으로는 저녁 8시 이전에 거의 끝나는 경우가 많았다. 친한 친구끼리 밤늦게까지 회식을 하더라도 2차 3차의 개념은 없다. 물론 예외적인 경우도 있겠지만 중국의 일반적인 회식 문화에서는 1차에서 식사와 술을 한자리에서 해결하는 것이 보통이다.

중국에서 회식할 때 주의해야 할 사항

중국에서 회식이 있게 되면 자리의 서열이 매우 중요하다. 중국에서 연회에 초대를 하거나 초대를 받으면 식탁의 어느 쪽에 앉느냐 하는 것이 매우 중요하다. 한국의 일반 식당에 있는 식탁의 기본적인 모습은 긴 장방형이 주를 이루고 있어서 상석이 어디인지는 비교적 쉽게 파악할 수 있다. 하지만 중국의 경우는 원탁이 주를 이룬다. 한국에 비해 어느 자리가 상석인지 쉽게 구별이 가지 않는다. 한국의 장방형 식탁은 가장 안쪽의 자리가 당연히 연장자나 지위가 높은 사람이 앉는 자리가 된다. 초대를 한 경우 손님을 가장 안쪽으로 모시는 게 기본예절이다.

원탁의 경우는 어떤 자리든 모두 똑같은 지위라 생각될 수도 있다. 만약 서열을 생각하게 되면 외국인의 입장으로서 어디가 높은 자리인지 낮은 자리인지 서열을 정하는 것이 쉽지 않아 보인다. 초대받아 간 경우 초대하는 사람이 도착하지 않으면 초대받은 사람이나 나머지 사람들이 원탁 식탁에 먼저 앉아 기다리는 법은 없다. 일단 식탁 옆 적당한 자리에 앉아 초대자가 오기를 기다려 초대자가 각 사람들의 앉는 자리를 결정해준 다음에 비로소 앉는다. 그래서 중국에서는 초대받아 갔을 때 식탁에 먼저 착석해서는 안 된다. 중국에서는 초대한 측과 초대받은 측에 대한 좌석 서열이 고정적으로 정해져 있기 때문이다.

참석자의 의석 배열은 중국의 지역마다 다르다. 필자도 중국의 다른 지역을 방문할 때마다 이 점을 먼저 확인한다.

매우 엄격한 규율을 갖고 있는 지역도 있고, 반대로 그다지
엄격히 따지지 않는 지역도 있다. 필자 개인의 느낌으로는
북방이 비교적 엄격히 따지는 편이고, 남쪽은 상대적으로 그
다지 엄격하지는 않은 것 같았다. 자리 서열을 비교적 엄격
히 따진다는 중국 산둥성(山東省)의 경우를 보자. 중국 식탁
서열을 그림으로 표현하면 다음과 같다.

식사를 초대한 사람은 출입문을 정면으로 바라보는 가
장 안쪽의 자리에 앉는다. 초대받은 손님 중 가장 중요한 상
객(上客)이 초대자의 오른편에 앉는다. 그 다음 손님이 초대
자의 왼편에 앉는다. 접대 측 가운데 두 번째 서열의 사람을
'푸페이(副配, fu pei)'라고 부른다. 즉 손님을 모시고 분위기를

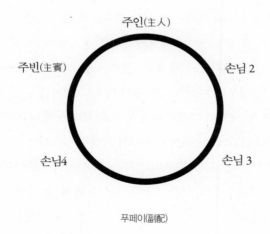

주인(主人)

주빈(主賓)   손님 2

손님4   손님 3

푸페이(副配)

띄우는 사람이라는 뜻이 된다. '푸페이'는 출입문을 등지고 앉는다. 손님 중 세 번째 서열의 사람이 '푸페이'의 오른편에 앉고, 네 번째 서열의 손님이 왼편에 앉는다. 중국의 원탁 테이블은 10명 내지 12명까지 앉을 수 있는데 나머지 자리들은 서열 없이 앉는다.

허베이성(河北省)의 수도인 스자좡(石家莊)의 경우는 다음과 같다. 손님 중 가장 중요한 주빈(主賓)이 출입구를 정면으로 바라보는 자리에 앉고, 주빈 오른편에 초대자가 앉는다. 주빈 왼편에 초대 측 2번째 서열의 사람이 앉는다. 즉 주인 측의 두 사람이 양쪽에서 손님을 대접하는 형식이 된다. 나머지 자리는 손님 측 사람, 주인 측 사람이 번갈아 가면서 앉는다.

허난성(河南省) 카이펑(開封)의 경우는 초대자가 출입구를 바라보는 쪽에 앉으며 초대자의 오른쪽에 주빈이 앉는다. 그 손님의 또 오른편에 초대 측 두 번째 서열의 사람이 앉는다. 스자좡의 경우와 마찬가지로 주빈의 좌석 위치는 다른지만 초대 측 두 사람이 양쪽에서 손님을 대접하는 방식은 같다. 초대자의 왼편에는 손님 측 두 번째 사람이 앉는다.

중국 남방의 대표적 도시인 상하이(上海)에서는 주빈이 출입구를 정면으로 바라보는 쪽에 앉고, 초청자 측 사람이 문을 등지고 앉는다.

중국의 전형적인 연회 식탁

중국 남쪽의 광둥성(廣東省) 지역에서는 미리 정해진 엄격한 규율보다는 상황에 따라서 정해지는 경우가 많다. 하지만 일반적으로 출입구를 정면으로 바라보는 자리가 주빈석(主賓席)이 된다.[5]

중국을 처음으로 방문해서 중국인과 접촉할 때는 아무래도 접대를 받는 경우가 많을 것이다. 그래서 중국인으로부터 초대를 받았을 때, 상대방의 문화나 관습을 몰라 예의에 어긋나는 일이 없도록 중국의 회식 예절을 몇 가지 정리해본다.

중국 회식에서는 식사와 술을 함께 하는 것이 일반적이

다. 북쪽 지역에서는 술대접을 할 때 주로 독한 술인 백주 (白酒)를 내놓는다. 동시에 중국인은 초대한 상대방을 어떻게 해서든지 취하게 해야지 예의를 다하는 것으로 간주하여 온갖 방법을 동원하여 술을 권한다. 심지어는 "이 술을 마시지 않으면 친구가 아니다"라는 식으로까지 말해서 상대방이 술을 먹도록 유도한다. 백주는 30여 도에서 60여 도에 이르는 매우 독한 술이다. 독한 술에 대한 경험이 없는 한국 사람은 쉽게 취하기 마련이다. 게다가 중국 특유의 손님 띄우기 분위기 때문에 한국 사람이 더더욱 취해서 인사불성이 되는 경우를 몇 번 목격했다. 그런데 중국에서는 길거리에서 술에 취해 이리저리 흔들거리면서 걷거나 고성방가하는 것을 거의 볼 수가 없다.

중국에서는 술을 권하는 것도 순서와 방식이 있다. 기본적으로 초대한 측에서 먼저 권하고 나중에 손님 측에서 권하는 방식이다. 이는 한국과 차이가 나는 회식 문화 부분이다. 이를 모르고 한국 손님은 주인이 권하기도 전에 먼저 잔을 들어 마시거나 먼저 권하기도 하는데 이는 중국식 예절에 벗어난다.

연회 주최자 측은 분위기를 돋우기 위해 '건배(乾杯)'를 제의하는 경우가 많다. '건(乾)'은 '마를 건', '배(杯)'는 '술잔'이라는 뜻이다. 중국에서의 건배는 글자 그대로 잔을 완전히 비우는 것을 의미한다. 영어로 말하면 'bottom up'이다. 건배 제의를 받으면 일단 함께 잔을 비우는 것이 예의인데 한국에서는 건배를 단순히 '위하여' 정도의 의미로 사용된다. 하지만 중국에서는 '건배'는 잔을 완전히 비우면서 좀 더 우의를 다지자는 뜻이 담겨 있다. 이를 모르고 한국식으로 단순히 '위하여'의 개념으로 알고 잔을 다 비우지 않고 내려놓는 경우가 있다. 이 또한 중국식 예절에서는 실례다.

식당 종업원이 음식을 가지고 와서 식탁에 놓으면 일단은 주빈(主賓), 즉 손님 중 상객이 먼저 젓가락을 집는 것이 중국식 예절이다. 그런데 이 예절을 모르고 다른 좌석에 앉아 있는 사람이 먼저 음식을 집어드는 경우가 있다. 이 또한 실례에 속한다.

중국에서 요리를 주문할 때 기본적으로 한 사람당 요리 하나를 기준으로 하여 요리 개수가 정해진다. 어떤 음식이 맛있다 하여 그 요리가 자기 앞으로 왔을 때(원탁 위에 회전판이 있어 여기에 놓여진 요리는 계속 돌리면서 식사를 한다) 너무 지나치게 섭취하는 것도 좋지 않다.

다음 부분은 술을 못하는 사람한테는 고역이 될 수도 있겠다. 특히 중국 북쪽 사람들은 기질이 호탕한 편이라 술로 흥을 돋우는 편이다. 그래서 초대한 사람이 술을 권하는데 손님된 입장에서 술을 못한다고 계속 거절하는 것은 예

의에 어긋난다. 중국에서는 초대한 사람의 체면을 세워주지
않는 행동으로 여기기 때문이다.

숫자에 매우 민감한 중국사람들

숫자는 본시 물건을 셈하는 데 사용하는 부호에 불과하다. 그러나 우리는 일상생활 속에서 무의식 중에 어떤 수를 특별히 좋아하거나 혹은 일부러 피하기도 하는 특정한 숫자 관념이 있다. 그뿐만 아니라 이런 관념이 하나의 전통이 되어 특정한 숫자나 횟수가 각종 의례와 민속 등에서 중요한 일부분을 담당하고 있기도 하다. 수와 관련된 갖가지 관습·행사·습관들 속에 꼭 그와 같은 숫자를 써야 할 필연성을 갖고 있는 것도 아닌데, 우리는 반드시 그러한 횟수와 날짜 혹은 수 등을 지켜서 사용하려 한다. 어떤 때는 이에 어긋난 숫자를 사용하면 마음이 불안해지기도 한다. 그 이유는 전통적인 관례에 따른 일정한 행위 의식에 포함된 숫자가 중요한 관념으로 작용하기 때문이다. 예를 들면, 우리가 상혼례 때 무의식적으로 행하는 절의 횟수에는 일정한 뜻이 담겨져 있으며, 때로는 숫자 하나하나에 고도의 상징성이 내포돼 있어 마땅히 지켜야 할 관념으로 생각한다.

중국은 우리나라보다 훨씬 더 숫자에 민감하다. 중국은 오래전부터 그들의 문화와 역사 속에서 특정 숫자에 대해 숫자 이상의 의미를 부여하고 혹은 숭상해왔다. 이런 숫자 관념은 중국 문화의 중요한 한 부분을 차지한다. 그래서 오늘날의 중국인 생활 속에서도 특정 숫자와 관련된 문화적 맥락이 도처에 담겨 있음을 발견할 수 있다. 좋아하는 숫자와 기피하는 숫자에 대한 호불호가 명확한 편이며 그 집착의 정도가 한국 사람과는 비교도 되지 않는다.

과거부터 오늘날까지 일반적으로 한국 사람들은 3에 대해 특별한 애착을 갖고 있다. 우리 민속신앙의 하나로 하늘과 땅의 매개자로서 마을의 안녕과 풍요를 빌어주는 솟대 위에도 3마리의 오리가 앉아 있다. 천(天)·지(地)·인(人)의 삼재(三才)를 기본으로 음양의 조화(즉 1+2)가 완벽하게 이루어진 이 숫자는 오래전부터 길수(吉數)라 하여 우리 민족의 생활과 철학에 깊숙이 배어 있다. 유별나게 3을 선호한 우리 민족은 신화시대로부터 오늘의 과학 문명시대에 이르기까지 끊임없는 사랑을 보내고 있는 것 같다. 단군신화에서의 환인·환웅·단군의 삼위일체적 존재는 곧 완성된 하나를 상징한다. 우리 전통 민속에서는 출산 후 금줄을 칠 때 아들의 경우 고추와 숯을 각각 3개씩 달았다. 사람이 죽으면 3년 동안 집안에 머물다가 승천한다는 믿음에서 3년상을 치르는 등 3은 관혼상제를 비롯하여 우리의 모든 일상생활에서 친근하게 사용돼왔다. 우리 전통춤에서도 그 기본이 어르고, 맺고, 푸는 삼박자다. 또한 간장·고추장·된장의 삼장(三醬)은 기본적인 우리의 음식이다. 신을 모셔도 삼신(三神)을 모시며, 내기를 해도 삼세번을 한다.[6]

3 이외에 7에 대한 사랑도 있다. 하지만 이는 우리의 전통적인 숫자 사랑이기보다는 서양에서 행운의 숫자로 인식하는 '러키세븐'의 영향을 받은 것이다. 3과 7 이외에 우리나라 사람이 특별히 선호하는 숫자는 없는 것 같다. 반대로 4에 대한 기피는 우리 일상생활 속에서 상당한 영향력을 발휘한다. 이미 잘 알고 있듯이 4는 죽을 사(死)와 발음이 같아서 기피하는 경향이 있다. 예를 들어 어떤 건물, 특히 병원 건물에는 4층이라는 글자 자체가 없다. 대신 영어 'Four'의 앞글자인 'F'로 대신한다. 결론적으로 말해서 우리나라 사람은 3이나 7 혹은 4 이외에 특정 숫자에 대한 특별한 애착이나 기피 심리가 그다지 강하지는 않다.

하지만 중국의 경우는 상황이 다르다. 매 숫자에 부여한 특수한 의미 때문에 중국인은 전통적으로 특정 숫자에 대한 선호와 기피 경향이 강하다. 어떤 경우에는 선호의 정도를 넘어서 숭배라고 말할 정도로 특정 숫자 배열에 집착하는 경우도 있다. 이는 과학적인 면에서 볼 때 지극히 관념적인 것에 속해 그다지 믿고 따를 만한 것이 못된다. 그럼에도 불구하고 특정 숫자에 대한 숭배나 기피 전통은 지금도 사라지지 않고 중국인들의 일상생활 곳곳에서 커다란 영향력을 발휘하고 있다.

호불호(好不好)가 명확한 중국의 숫자 문화

숫자 1부터 10 중에서 현대 중국인들이 가장 좋아하는 숫자는 8이라 할 수 있다. 8의 중국어 발음은 '바(八, ba)'이다. 이 발음은 '돈을 벌다'라는 뜻의 '파차이(發財, fa cai)'의 '파(發, fa)'와 유사해음(類似諧音: 비슷한 발음)이 된다. 숫자 8을 좋아하기 시작한 곳은 광둥성(廣東省)이라고 한다. 광둥 지역은 중국에서 경제 발전이 가장 급속하게 이뤄지고 있는 지역이다. 동시에 개인의 부(富) 축적에 대한 관심도가 그 어느 지역보다 빨랐다. 그래서 광둥 지역에서는 숫자 8을 매우 선호한다. 이런 관념이 전국적으로 퍼져서 오늘날에는 대다수 중국인들이 좋아하는 숫자가 되었다고 한다. 8에 대한 사랑은 오늘날까지 중국인에게 더욱더 강렬해지고 있다. 경제성장으로 물질이 가져다주는 생활의 여유와 사회적 지위 상승의 맛을 알게 된 현대 중국인에게 돈을 번다는 '파차이'는 많은 사람이 추구하는 목표다. 중국에서는 사람들의 이런 심리를 이용하여 자동차나 전화번호를 공개 경매에 붙이고 있다. 어느 해 베이징의 차 번호 '88888'이 중국 돈 수백만 위안에 호가되기도 했다.

연속적인 8의 배열 이외에도 58888도 사랑을 받는 번호다. 숫자 5인 '우(五, wu)'는 '나'라는 뜻의 '워(我, wo)'와 유사해음이 되기 때문에 58888은 '나는 돈을 번다'라는 뜻의 '워파차이(我發財)'가 된다.

6 또한 매우 좋은 숫자로 인식이 된다. 특히 자동차를 운전하는 사람한테는 아주 좋은 숫자로 인식되고 있다. 중국어에는 '66이면 아주 순조롭다'라는 뜻의 '육육대순(六六大順, liuliu da shun)'라는 말이 있다. 만약 자동차 넘버에 66이라는 숫자가 들어가면 운전하는 사람에게는 안전 운전의 의미가 되며, 사업을 하는 사람한테는 '사업이 매우 순조롭게 잘 되어감'을 의미하게 된다. 만약 일련번호에 8과 6이 함께 들어가면 매우 상서로운 숫자로 인식된다. 그래서 중국인들은 자

동차 넘버나 전화번호 등 숫자를 사용하는 기기에 이들 번호가 들어가는 것을 매우 선호하고 있다.

결혼 날짜를 선택할 때 당연히 숫자가 등장하지 않을 수 없다. 길일을 선택하는 것은 각 지역에 따라 다소 다르다. 하지만 일반적으로 봐서 음력으로 길일을 선택하는 것 이외에도 만약 그날이 양력으로 환산해서 짝수가 되면 아주 좋은 날로 인식한다. 8과 6이 포함되는 것은 당연하다. 이는 '하오성쌍(好事成雙, hao shi cheng shuang)', 즉 "좋은 일은 쌍으로 이루어진다"라는 속담대로 혼인과 같이 경사스러운 날은 필히 짝수와 연결시키는 경향이 강하다. 이들 짝수의 숫자 이외에도 9는 중국어 발음이 '지우(九, jiu)'인데, '오래 영원히'라는 '천장지구(天長地久, tian chang di jiu)'의 '구(久)'와 '지우(久, jiu)'라는 해음이 같아 중국 전 지역의 결혼식에서 특히 선호하는 숫자다. 어떤 지역에서는 결혼 날짜의 끝수에 3이 들어가는 것을 피한다. 3의 중국 발음인 '싼(三, san)'은 '헤어지다'라는 뜻의 '싼(散, san)'과 해음이 되어 이별이 연상되기 때문이다. 4가 들어 있는 날도 피한다. 숫자 4는 조금 후에 설명하기로 한다.

10 또한 좋은 숫자로 인식된다. 이는 '십전십미(十全十美, shi quan shi mei)'라는 '완벽하다'는 의미가 있기 때문이다.

반대로 부정적 의미의 숫자가 있다. 장례와 같은 슬픈 일에 대해서는 홀수의 예로 하는 것이 보통이다. 주로 3이나 7과 관련되어 있는데, 예를 들면 사람이 죽은 지 삼일 후 장례를 치르는 3일장(三日葬)이나, 고인이 떠난 지 매 7일째마다 제사를 지내며 종이돈을 태우는 소칠(燒七), 49일째 지내는 제사인 칠칠제(七七祭) 등이 그러하다.

앞서 말한 숫자 4는 예나 지금이나 전통적으로 매우 기피하는 숫자다. 이 점은 우리나라가 숫자 4를 기피하는 관념과 비슷하다. 4는 중국어로 '쓰(四, si)'로 발음하는데, '죽다'라는 뜻의 '쓰(死, si)'와 해음되어 매우 불길하게 여기는 숫자다. 만약 집 전화번호의 끝자리에 14가 들어가면 독음(讀音)으로 '야오쓰(邀四, yao si)'가 되어 '죽으려 한다'라는 뜻의 '야오쓰(要死, yao si)'와 해음이 된다. 그래서 중국의 자동차 번호를 자세히 보면 14로 끝나는 번호판은 찾아보기 힘들다. 자동차를 운전하는데 어느 누가 죽기를 원하겠는가?

해음 때문에 2와 7은 좋은 숫자가 되기도 하고 나쁜 숫자가 되기도 한다. 218(二一八, er yao ba)로 되는 숫자 배열이 있다고 가정하자. 이 배열은 '얼야오파(兒要發, er yao fa)'와 해음이 되어 '자손이 큰 재산을 모은다'는 뜻이 된다. 그러나 만약 214(二一四, er yao si) 숫자 배열이 있다고 가정하면 이는 '얼야오쓰(兒要死, er yao si)'와 해음이 되어 '자손이 죽으려 한다'는 아주 불길한 뜻이 된다. 참고적으로 중국인들은 숫자를 읽을 때 정식으로 읽는 방법 이외에 어떤 숫자는 다른 방식으로 읽기도 한다. 그런 예로 1은 '이(一, yi)' 대신에 '야오(邀, yao)'로, 7은 '치(七, qi)' 대신에 '과이(拐, guai)'로, 0은 '링(零, ling)' 대신에 '둥(洞, dong)'으로 읽기도 한다.

그래서 만약 2704(二七零四, er qi dong si)라는 숫자 배열이 있다고 가정하면, 이 숫자의 독음은 '아이와 부인이 얼어 죽는다'는 뜻인 '얼치둥쓰(兒妻凍死, er qi dong si)'와 발음이 완전히 같아서 매우 기피하는 숫자 배열이 된다.

7은 본시 전통적으로 중국인이 싫어하는 숫자였다. 한자로 '七'의 모습이 꺾여 있기 때문에 굴곡 혹은 순탄하지 못함이 연상되기 때문이다. 경우에 따라서 '치(氣, qi)' 혹은 '치(妻, qi)'와 해음이 되어, '화가 나다'라는 뜻의 '성치(生氣, sheng qi)'나 '부인'이라는 뜻의 '치쯔(妻子, qi zi)'를 나타내기도 한다. 어떤 사람의 전화번호의 네 자리가 7757이 되었다고 가정하면 '치치워치(氣氣我妻, qi qi wo qi)'와 해음이 되어 '부부간에 매일 싸움이 나는' 것 같은 인상을 받게 된다. 이외에도 7은 '페인트'라는 뜻의 '치(漆, qi)'와 해음되어 페인트 계통의 회사가 좋아하는 숫자가 되기도 한다. 그래서 광둥성(廣東省) 선전(深圳)에 있는 모 페인트 회사의 전화번호는 전부 7로 채워져 있기도 하다.

숫자에 대한 관념은 최근 들어와서는 서양의 영향을 받는 부분도 있다. 예를 들면 서양에서 싫어하는 13이 중국 사회에서도 점차 기피하는 숫자로 인식되고 있고, 연인들 사이에 장미를 선사할 때 한 송이만 선물하는 것을 선호하게 된 것이 이에 속한다. 장미 한 송이에 한마음 한뜻의 의미를 부여한 때문이다. 그런데 이는 뭐든 한 쌍으로 선물하는 중국 전통에 어긋나지만 예외적으로 서양의 영향을 받아 변화된 현상이다.

이상과 같이 오늘날 중국인의 숫자 관념을 살펴볼 때, 모종의 숫자에 대한 선호와 기피는 어떤 일률적인 규칙이 있지는 않다. 모종 숫자에 대한 선호도를 볼 때 환경이나 상황에 따라 변하는 경향이 있으며 주로 해음으로부터 생긴 관념임을 알 수 있다. 이는 중국인의 숫자에 대한 선호나 기피가 반드시 절대적이지는 않음을 보여준다. 오늘날 특정 숫자에 대한 숭배는 중국인이 자기합리화 내지 자기 위안을 위한 하나의 수단이다. 숫자를 이용하여 자신에게 최대한 유리한 내용으로 작용할 수 있도록 하는 중국인 특유의 정신승리법이라 할 수 있다.[7]

중국 숫자 문화의 실제 예

숫자에 대해 중국 사람이 얼마나 민감한지를 보여주는 필자의 실제 경험을 소개하고자 한다. 한번은 중국 교수들이 한국을 방문하여 그들을 위해 호텔방을 예약했다. 호텔 카운터에서 열쇠를 받았는데 한 분이 갑자기 방을 바꿔달라고 요청했다. 그분이 배정받은 방 번호가 714(七一四, qi yao si)호실이었는데 이는 '치야오쓰(妻要死, qi yao si)'와 발음이 완전히 같다. 이렇게 해서 714는 '부인이 죽으려 한다'라는 뜻의 '치야오쓰(妻要死)'와 해음이 되므로 당사자로서는 마음이 매우 꺼림직했을 것이다. 또 다른 예가 있다. 중국 친구들과 맥주 한잔을 하고 있었다. 열세 병을 마시고 다시 한 병을 주문하려고 하자 중국 친구 한 명이 2병을 더 시키야 한다고 했다. 이유인즉 한 병만 더 주문하면 열네 병이 되는데 14는 중국어로 '야오쓰(yao si)'로 '죽겠다'라는 뜻의 '야오쓰(要死, yao si)'와 발음이 같기 때문이라는 것이다.

중국인의 특정 숫자에 대한 선호와 기피를 이용한 우리나라 기획사의 비즈니스 사례도 하나 소개할까 한다. 이미 상당히 오래전 이야기며 필자가 다른 저서에서도 소개한 내용이지만 독자의 이해를 돕기 위해 다시 한번 소개하고자 한다. 앞서 말했듯이 숫자 9는 결혼식 날짜에 많이 사용되는 숫자다. 9(jiu)와 해음인 '久(jiu)'처럼 영원한 동반자이기를 바라는 신혼부부들이 특히 이 숫자를 선호한다. 중국인의 이런 심리를 이용해서 한국의 모 이벤트 회사가 중국인 신혼부부들을 위한 특별기획을 한 적이 있었다. 즉 1999년 9월 9일 9시 9분에 제주도에서 중국인들을 위한 집단 혼례식을 거행하기로 한 것이었다. 원래 초청한 숫자도 999쌍으로 했다고 한다. 실제 참석한 인원은 아쉽게도 999쌍을 다 채우지는 못했지만 중국인의 문화 심리를 이용한 기막힌 비즈니스라는 느낌이 들었다.

한·중의 사회문제 '체면 차리기'

한국 사람은 체면을 중시한다. 중국 사람은 훨씬 더 체면을 중시한다. 생명보다 더 중요한 것이 체면이라고 말할 정도다. '체면(體面)'이란 무엇인가? '면(面)'은 얼굴이다. '얼굴'이라는 뜻에 중국어로 '롄(臉, lian)'이라는 단어도 있다. 사전적 의미는 '남을 대하기에 떳떳한 도리나 얼굴'이다. 사전적 의미에는 양심이나 타당한 행동과 같은 도덕적인 의미가 강하다. 이는 자신의 자아 가치와 깊은 연관성이 있다. 자아 가치는 어떻게 실현될까? 다른 사람이나 사회에 의해 인정을 받아야 한다. 만약 그렇지 못하거나 무시되면 우리는 체면이 손상되었다고 이야기한다. 그런데 체면에 담겨 있는 얼굴의 의미는 결국 남에게 보이기 위한 모습을 말한다. 그래서 이것이 잘못 발전되면 남을 너무 의식한 나머지 겉치레가 될 수도 있다. 겉치레는 곧 허영심으로 발전될 소지가 많다. 오늘날 허영심으로 발전된 체면은 자신의 신분, 능력, 재력, 권력, 지위, 사회적 명성 등으로 이루어진다. 개인은 이런 자아 가치를 다른 사람으로부터 인정받기를 원한다. 만약 자신이 생각하는 자아 가치와 타인이나 사회가 자신에 대해 행해지는 평가 사이에 편차가 생기거나 충돌이 발생하면 사람들은 체면을 구겼다고 생각한다.

체면은 지위나 신분이 있는 경우에만 요구되는 것이 아니다. 없으면 없는 대로 열등의식 때문에 체면을 더욱 찾는 경우도 있다. 예를 들어 아는 것이 없어도 아는 척, 먹지 않았어도 먹은 척, 같이 식사를 했는데 주머니 사정이 뻔해도 내가 내야 할 것 같은 심리 등이 그렇다.

한국 사람에게 체면이 얼마나 중요한지 다음과 같은 속담에서 알 수 있다. "양반은 물에 빠져도 개헤엄은 안 한다", "냉수 먹고 이 쑤신다", "가난할수록 기와집 짓는다", "대문이 가문(아무리 가문이 높아도 가난하여 집채나 대문이 작으면 위엄이 없어 보인다)" 등이 있으며, 이외에도 관련 속담은 많다.

마찬가지로 중국에도 체면 관련 성어와 속담이 상당히 있다. 예를 들면,

집안의 추한 일은 바깥으로 소문나면 안 된다(家醜不可外揚).

'자처우(家醜, jiachou)'는 '집안의 추한 일', '부커(不可, buke)'는 '해서는 안 된다', '와이양(外揚, waiyang)'은 '바깥으로 소문나다'라는 뜻이다. 즉 가족이나 가정에 명예롭지 못한 일, 예를 들면 아이들이 속을 썩이거나 가정불화 등의 문제가 발생하더라도 속에 담아둘지언정 다른 사람이 알면 체면이 손상되는 것으로 여긴다. 중국에서는 가정에 문제가 있을 경우 사람들은 종종 "앞니를 깨서라도 속으로 삼켜라(打破門牙往肚裏咽)"라는 말을 한다. '먼야(門牙, men ya)'는 '앞니', '왕두리(往肚裏, wang du li)'는 '뱃속으로', '옌(咽, yan)'은 '삼키다'라는 뜻이니 중국인들은 체면을 위해서 커다란 고통을 인내하는 것을 미덕 아닌 미덕으로 삼고 있음을 알 수 있다.

죽더라도 체면은 지켜야 한다(死要面子活受罪).

'야오몐쯔(要面子, yao mianzi)'는 '체면을 지키다', '셔우쭈이(受罪, shouzui)'는 '고생한다'라는 뜻이다. 즉 '죽더라도 체면을 지켜야 하니 살아서 고생한다'이다. 원하지 않는 일이라도 억지로 체면 때문에 자신의 능력에 벗어나는 일을 해야 하니 그야말로 체면 때문에 생고생하는 격이다.

부은 얼굴을 때려서라도 뚱보인 척한다(打腫臉充胖子).

'다(打, da)'는 '때리다', '중롄(腫臉, zhong lian)'은 '부은 얼굴', '충(充, chong)'은 '~인 체하다', '팡쯔(胖子, pangzi)'는 '뚱보'라는 의미다. '부운 얼굴을 때려서라도 뚱보인 척한다'라는 뜻이다. 즉 어떤 방식으로 어떠한 대가를 지불하더라도 억지로 체면을 차려야 한다는 뜻이 된다.

자신의 결점은 철저히 숨긴다(諱疾忌醫).

'후이(諱, hui)'는 '언급을 회피하다', '지(疾, ji)'는 질병, 즉 자신의 결점을 말한다. '지(忌, ji)'는 '피하다', '이(醫, yi)'는 '고치다'이다. 즉 '자신의 결점을 다른 사람이 알면 체면이 손상될까 봐 문제점을 숨긴다'라는 뜻이다.

절개를 굽히는 것보다 굶어 죽는 게 낫다(餓死事小, 失節事大).

'어쓰(餓死, esi)'는 '굶어 죽다', '스샤오(事小, shi xiao)'는 '작은 일이다' 또는 '별일 아니다', '스제(失節, shi jie)'는 '절개를 잃다' 또는 '기개를 굽히다', '스다(事大, shi da)'는 '일이 크다' 또는 '큰일이다', 즉 '굶어 죽는 것은 별일이 아니다. 오히려 기개를 굽히는 것이 더 큰일이다'라는 뜻이다.

사람한테는 체면, 나무한테는 껍질이 있어야 한다(人要臉, 樹要皮).

우리 속담에 "벼룩도 낯짝이 있다"라는 말처럼 사람이 너무 뻔뻔스러우면 안 된다는 말이다. 나무에 껍질이 있어야 겨울에 얼어 죽지 않듯이 사람도 남을 대할 때 '떳떳한 도리와 체면'의 뜻을 가진 '롄(臉, lian)'이 있어야 사람 구실을 한다는 뜻이다.

체면 중시는 유가사상의 산물

왜 이렇게 한국 사람이나 중국 사람은 체면을 중시하는가? 이는 아마도 유가사상의 영향에서 찾아야 할 것 같다. 중국은 오랜 세월 유가사상을 중국인의 행위 준칙으로 삼아왔다. 이로써 도덕을 중시하는 내재적 수양을 바탕으로 대인관계와 언행에 대해 엄격한 요구를 실천해왔다. 이를 구체적으로 규정하고 있는 것이 유가사상의 '예(禮)'라고 할 수 있다. 유가 사상에서 중시하는 것은 사회질서 유지다. 이를 위해 유가사상에서는 '예'로써 대인관계의 법도를 규정하고 있다. '예'란 사람과 사람의 관계를 묶는 가장 기본적인 법도라며 매개인의 사회적 위치와 역할에 대해 규정하고 있다. "군주는 군주답게, 신하는 신하답게, 아버지는 아버지답게, 아들은 아들답게(君君, 臣臣, 父父, 子子)" 식으로 말이다. 그래야만 사회질서가 유지된다고 보았다. 사람은 대인관계에 있어서 신분과 지위에 따라 어떤 말은 해야 하거나 하지 말아야 하고, 또한 어떤 행동은 하거나 하지 말아야 한다고 규정해놓았다. 자기 신분에 어긋나는 언행을 하거나 예의에 어긋나는 일이 있으면 도덕적인 가치에 큰 손상을 받는다. 당초 사회질서 유지의 긍정적인 역할을 하였던 '예'에 대한 중시는 세월이 흐름에 따라 점차 형식화되고 변질되어 행동의 겉치레로 흐르게 되었다. '예'가 갖고 있는 본질적인 가치보다는 다른 사람한테 어떻게 자신의 가치를 인정을 받느냐가 더 중요한 관심의 대상이 되었으며, 이런 경향은 소위 말하는 체면의 형태로 나타나기 시작했다.

체면의 잘못된 방향은 주로 자신의 능력 특히 재력이나 권력을 남한테 드러내고자 하는 허영심으로 발전하여 오늘날은 개인의 진정한 가치와 사회의 발전을 가로막는 장애요인이 되고 있다. 중국인이 체면을 얼마나 중시하는가에 대해 인터넷에 나온 에피소드 하나를 소개하고자 한다.

어느 노부부가 있었다. 수십 년 동안 아이가 없는 것을 제외하고는 가정에 커다란 문제가 없으며 두 사람이 얼굴을 붉히는 것을 본 적이 없었다. 주위에서는 두 부부에 대해 매우 금슬

이 좋고 행복한 나날을 보내는 부부라 여겼다. 그런데 사실 두 사람은 결혼 후 같은 방을 쓴 적이 없었고 둘 사이에는 어떠한 애정도 없었다. 하지만 체면 때문에 다른 사람이 이 일을 알면 체면이 깎일까 봐 일체 비밀로 했으며 더더구나 이혼에 대해서는 아예 언급조차 하지 않았다. [8]

이 이야기는 좀 과장된 면도 있겠지만 중국인이 얼마나 체면을 중시하는지, 체면을 위해서라면 어떤 고통도 달게 받고 있는지를 단적으로 보여준다. 즉 본인의 속마음이 얼마나 고통스러운지보다는 다른 사람이 자신을 어떻게 평가하느냐에 대해 더 큰 가치관을 두고 있는 셈이다. 다른 사람들에게 보이기 식의 이런 체면 의식은 온갖 부작용을 낳을 수 있다. 그 방향이 허영심이나 겉치레로 연결되기 때문이다.

중국 사람은 거의 모든 대인관계에 있어서 체면이라는 요소가 개입된다. 남을 접대하는 경우에도 어떤 사람을 초대해야 하는지 또 어떤 사람은 초대해서는 안 되는지 모두 체면에 따라 결정된다. 식사를 할 때에도 어떤 사람이 상석에 앉고 또 어떤 사람이 어떤 자리에 앉아야 하는지 모두 체면과 관련된다. 분명 식탁 위에는 엄청나게 풍성한 요리가 준비되었어도 주인은 "별로 차린 것이 없다"라고 말을 한다. 맛이 분명 없음에도 손님은 "맛이 있다"라고 립서비스를 해야 한다. 주인의 체면을 위해서다. 손님으로서 너무 많이 먹으면 교양이 없을까 신경이 쓰이고 너무 적게 먹으면 주인한테 실례될까 신경이 쓰이고 모두 체면과 관련된다.

체면과 겉치레는 곧 낭비다

한국의 체면과 겉치레가 결합하여 부정적으로 나타난 대표적인 현상은 과시적인 낭비 행태라 할 수 있다. 우리나라 사람의 체면치레는 외형적으로 쉽게 남의 눈에 띄는 분야다. 예를 들면 옷이나 액세서리는 고급 명품으로 해야 하고, 자동차도 큰 고급차를 사야 한다. 우리보다 경제가 더 발달한 서구의 국가들도 좁은 국토 때문에 소형차를 선호하는데, 한국은 우선 크고 비싼 차를 타야 체면이 선다고 착각하는 사람이 많다. 또한 결혼식에는 무조건 하객이 많아야 한다는 생각에 결혼식 하객을 돈으로 사기도 하고, 주례도 명성이 있는 사람을 모셔야 해서 돈 주고 모셔 오기도 하고, 혼수감은 무조건 좋은 것으로 준비해야 한다. 요즘에는 결혼식에 따르는 허례허식을 줄이려는 노력이 있다지만 겉치레를 중시하는 체면 문화는 한국 사회 곳곳에 여전히 존재한다.

중국의 겉치레식 체면은 음식이 지나치게 낭비되는 회

식, 내용물에 비해 지나치게 호화스러운 포장, 고가의 사치품 사재기 현상으로 나타나고 있다. 통계에 의하면 중국에서 1년간 회식으로 쓸데없이 버려지는 음식이 인민폐 2,000억 위안(한국돈 약 30여조 원)에 달하며 이는 2억 명의 사람이 1년간 먹을 수 있는 양에 달한다고 한다.

내용물에 비해 지나치게 화려한 포장은 예를 들어 중국 사람들이 선물로 많이 사용하는 중국차나 술 등에서 두드러지는데, 포장 안에 들어 있는 중국차는 겨우 500그램에 불과함에도 거죽은 나무 상자, 가죽 상자, 멋있는 고가의 프라스틱 등으로 포장하여 가격을 엄청나게 부풀린다. 그럼에도 이들은 선물할 때 체면을 위해서는 기꺼이 지불해야 하는 것으로 인식한다. 이들 포장은 결국 쓰레기로 나오는데 도시 쓰레기 중 3분의 1이 이런 포장성 쓰레기며, 이 중에서도 절반 이상이 호화성 포장이라는 주장이 있다. 중국은 이미 세계에서 호화 포장 쓰레기 문제가 매우 심각한 국가 중 하나가 되었다.[9]

체면 문화의 대표적인 예: 호화스러운 결혼식

남의 눈을 의식하는 겉치레의 체면 문화가 가장 적나라하게 드러나는 대표적인 경우가 한국이나 중국 할 것 없이 결혼식일 것이다. 체면이 지향하고 있는 방향은 '크고, 많고, 비싸고, 성대하게'일 것이다. 그래서 두 나라 모두 많은 돈을 들여 결혼식을 준비한다. 어떻게 해서든, 빚을 내서라도 성대한 결혼식을 해야만 체면이 선다고 착각을 한다. 그 과정에서 경제적으로 크게 무리수를 두는 것도 거의 같은 풍경이다. 결국 체면과 직접적으로 연결된다고 생각하기 때문이다. 결혼식을 통한 체면 살리기는 한국이나 중국 모두 공통된 현상이지만 그 과정에서는 다른 부분도 존재한다.

중국인들은 통상 결혼 자체를 인생의 가장 큰 대사로 생각하기 때문에 남에게 널리 알려야 할 경사스러운 일로 간주한다. 그래서 중국에서는 결혼식을 매우 성대하게 거행하는 것이 일반적인 풍조다. 만약 남녀 쌍방이 결혼신고를 하고 결혼증(중국에서는 결혼신고를 하고 결혼증을 받는다)을 이미 받았는데도, 결혼식을 거행하지 않으면 주위로부터 이상한 눈초리를 받게 되고 체면이 손상되는 일로 인식한다. 그래서 설사 모종의 이유로 결혼식을 올릴 상황이 아니더라도 무리해서 결혼식을 거행하는 것이 일반적인 관례다.

결혼식을 거행하게 되면 주변의 친지와 지인들에게 청첩장을 발송하게 되는데 한국이나 중국이나 성대하게 해야 체면이 선다고 생각한다. 그래서 한국의 경우 고급 호텔을 빌려 결혼식을 거행하는데, 이미 방송에서 여러 번 나왔듯이 쓸데없이 낭비되는 금액이 천문학적이다. 남한테 보여주기 위한 체면치레와 '평생에 한 번 하는 건데 이왕이면' 하는 심리가 결합되어 최대한 화려하게 하려고 한다. 결혼식에도 얼마나 많은 하객이 참가하느냐가 체면의 기준이 된다. 한국의 경우 알고 있는 모든 사람에게 최대한 많이 청첩장을 보낸다. 청첩장을 받은 사람들은 체면 때문에 안 갈 수도 없다. 특히 직장 상사 집안의 혼사이면 얼굴 도장을 찍어야 한다는 강박관념에, 부조금 또한 체면 때문에 너무 적은 액수도 내지 못한다. 서로가 피곤한 장면이다.

중국도 많은 하객이 참가하는 것이 혼주의 체면을 살리는 것으로 간주한다. 그러나 정해진 사람에게만 청첩장을 발송한다. 물론 최대한 많이 발송한다. 그러나 사전에 인원수가 정해지는 것이 한국과 다르다. 우선 신랑 신부는 양가 친지의 인원수를 파악한다. 그다음 친구나 직장 등과 관련된 사람들, 자신이 과거에 혼례에 참여했던 사람들에 대해서 리스트를 작성한다. 그리고 올 수 있다고 생각하는 사람들한테 청첩장을 보낸다. 청첩장을 받은 사람은 아주 특수한 상황이 아니면 혼주 집안의 체면을 위해 참석해야 한다. 그래서 중국의 결혼식에 참석하면 식장 입구에 좌석 배치도와 각 좌석에 앉을 하객의 이름이 적혀 있어서 하객은 자신의 이름과 테이블 번호를 확인하고 입장한다.

한국과 중국의 청첩장 발송과 하객 참석 방식이 다른 것은 두 가지 이유가 있는 것 같다. 일반적으로 한국은 전문적인 결혼식장이나 호텔 등을 이용하며 중국은 큰 규모의 식당을 이용한다. 한국의 대부분 혼례는 식장에서 거행되고 혼례가 끝난 다음 하객을 위한 연회나 식사는 별도의 장소에서 행해지는 것에 반해 중국에서는 결혼식장 자체가 피로연 장소가 되기 때문에 장소 공간이나 식탁 개수를 고려하지 않을 수 없다. 그래서 중국에서는 사전에 초대할 하객의 인원수를 사전에 대략 헤아려서 그 규모에 맞도록 결혼식장을 결정한 다음 참가할 하객에게 청첩장을 발송한다.

중국의 경우 일단 장소가 결정되고 혼례가 진행되었을 때 테이블이 비어 있으면 체면에 손상된다고 생각해서 테이블 자리가 비어 있지 않도록 반드시 참가할 하객들에게만 보낸다. 거기에 비해 한국의 결혼식장은 여러 사람이 함께 앉아서 혼례식을 참관하기 때문에 웬만큼 텅텅 비지 않으면 체면에 그다지 문제가 없다고 생각한다.

재미있는 것은 하객의 옷차림 면에서 한국과 중국이 커다란 차이가 난다는 점이다. 한국의 경우는 신랑 신부 당사자는 말할 것도 없이 혼주인 집안 어른들은 최대한 체면이 서는 옷을 입는다. 혼례에 참가하는 하객도 예의 차원에서 양

복 등 정장을 하는 것이 원칙이다. 하지만 중국에서는 의외로 옷차림에 대한 요구사항은 없다. 신랑 신부는 당연히 혼례와 관련된 정장을 입지만 심지어는 혼주인 부모님도 의외로 평상시 옷차림을 한다. 참가하는 하객도 평상시 옷차림 수준이다.

중국의 경우 성대한 결혼식을 과시하기 위해 여러 가지 방법이 동원되는데 그 대표적인 방법이 신랑이 차를 타고 결혼식장으로 이동할 때다. 결혼 기획사에서는 최대한 많은 대수의 고급 승용차를 빌려 신랑의 차를 따라오게 한다. 동원되는 자동차 대수에 따라 신랑 집의 체면이 서는 것이다. 이들 자동차들의 색깔은 모두 중국에서 상서로움을 상징하는 붉은색이며 결혼 기획사를 통해 빌리는 것이 일반적이다. 또한 연회장에는 모든 테이블마다 붉은색 포장의 접대용 담배가 준비되는데 평소에는 피우기 부담스러울 정도의 고가 담배가 놓여진다.

체면치레의 접대 문화

한국과 중국의 체면 중시 문화가 잘 드러나는 부분으로 접대 문화도 들 수 있다. 두 나라 모두 손님을 귀하게 여기는 아름다운 전통을 가지고 있다. 그래서 손님을 대접할 때 최대한의 정성으로 좋은 음식으로 대접하고자 한다. 하지만 그 규모면에서 한국은 중국에 비교하면 상당히 검소한 축에 속한다. 처음 중국을 방문하는 경우 접대 측의 융숭한 대접의 규모에 놀라는 경우가 많다. 그 대접 음식의 종류와 규모는 사실 우리가 상상하기 어려울 정도로 지나치다. 원래부터 중국은 음식 대국이라 할 만큼 매우 풍성한 음식으로 넘쳐난다. 여기에 체면을 중요시하는 겉치레 풍조까지 가세해서 손님을 대접할 때 다 먹지도 못할 음식을 어떻게 해서든 비싸고, 양 많고, 가짓수도 지나치게 많이 주문한다.

필자가 1990년대에 중국을 방문했을 때의 일이다. 12명 정도가 앉은 테이블에 계속해서 엄청나게 많은 요리가 나왔다. 상상을 초월할 정도로 계속 요리가 나오는 바람에 호기심으로 세어본 결과 30개의 접시가 쌓였던 것이 기억난다. 좋게 해석하면 대접하는 측이 손님에 대한 정성과 열정을 다한 것으로 보일 수도 있겠지만, 또 한편으로는 대접하는 측의 지나친 체면치레가 아닌가 하는 생각이 들었다.

지나친 낭비의 경향은 개인만의 문제로 끝나는 것이 아니었다. 공공기관에서는 그 낭비가 지나쳐 결국 심각한 사회문제로 대두되었다. 어차피 자기 돈으로 먹고 마시는 것이 아니기 때문에 외부에서 손님이 오면 최대한으로 비싸고 귀한 음식으로 대접하는 것이 공공기관의 고질적인 병폐가 되었기 때문이다.

광판과 다바오 운동의 전개

겉치레와 체면 문화를 해결하기 위해서는 사회운동이 필요하다. 아무리 개인이 나서서 개선을 요구해도 메아리로 끝나기 마련이다. 겉치레 때문에, 체면 때문에 벌어지는 쓸데없는 사치와 낭비를 반대하는 절약 운동이 한국이나 중국에서 벌어진 것은 그나마 다행한 일이다. 한국에서는 '작은 결혼식 운동', 중국에서는 '음식을 남기지 말고 깨끗이 먹기 운동'이나 '남은 음식 싸서 가져가기' 등이 그 대표적인 예라 할 수 있다.

한국에서 벌이기 시작한 '작은 결혼식'은 허례허식의 여러 과정을 생략하여 비용을 줄이고 자신만의 결혼식을 꾸미자는 새로운 결혼 문화다. 각자의 경제 사정에 맞게 거행하는 소박하되 의미 있는 결혼식을 말한다. 장소도 고급 호텔이 아닌 공공기관이나 종교시설 등을 빌려서 올리는 작은 결혼식 문화다. 이에 대해서는 구태여 긴 설명이 필요 없을 것 같다.

이에 비해 음식 문화의 대국 중국에서는 겉치레와 체면 문화의 반성으로 '음식물 남기지 않기 운동'과 '남은 음식 싸서 가져가기 운동'이 최근에 벌어지고 있다. 중국의 경우 지나친 음식 낭비는 커다란 사회문제가 되어왔다. 이에 반발하여 '광판싱둥(光盤行動, guang pan xing dong) 혹은 광판윈둥(光盤運動)'이 최근에 전개되었다. '광(光, guang)'이란 '깨끗이 비우다', '판(盤, pan)'은 '음식 접시'를 말한다. 즉 '음식을 남기지 말고 깨끗이 먹자'라는 운동이다. 1년간 2억 명의 인구가 먹을 수 있는 음식이 낭비된다는 통계는, 체면을 중시하는 중국인의 허영심과 공공기관의 공금 낭비 풍조가 사회적 문제로 대두될 정도로 매우 심각해졌다는 점이다. 그래서 이를 타파하기 위해 2013년 무렵부터 시작된 시민운동인데, 그 주요 취지는 식당에서 식사를 필요에 알맞게 주문하고 주방에서도 필요한 만큼만 식사를 준비하여 절약을 생활화하자는 것이다. 이 운동은 '나부터 솔선수범하여 오늘부터는 음식을 남기지 않겠다'라는 취지로 사회 각계각층으로 뻗어나갔다. 각지의 식당들도 이에 호응하여 1/2인분의 요리주문, 작은 분량의 접시 사용하기 원칙 등을 세워 운동을 전개해나갔다. 어떤 식당에서는 남은 음식을 가져갈 때 음식을 담을 수 있는 용기를 유료로 하던 것을 무료로 제공하는 등[10] 이 운동에 적극 동참했다.

열심히 음식을 먹어 치워 접시를 비우고자 해도 접시를 비우지 못하는 경우도 있을 것이다. 이런 경우는 집으로 가져가자는 것이 '다바오(打包, da bao)운동'이다. 그런데 음식점에서 음식이 남으면, 특히 비싸고 귀한 음식이 남으면 아까운 생각에 집으로 가져가고 싶어도 실행하기는 힘들다. 그렇게 하면 마치 체면이 손상되는 것처럼 느껴지기 때문이다. 그래서 이런 심리적 모순을 극복할 수 있도록 너 나 할 것 없이 남은 음식은 싸서 가져가자는 '다바오 운동'이 전개된 것이다. '다바오 운동'이 하나의 사회 풍조가 되면 모든 사람이 함께 하는 행동양식이 되어 체면을 생각할 필요가 없기 때문이다.

좀 다른 이야기지만 식당에서 먹고 남은 음식을 싸달라고 하는 것은 동양 사회는 물론이고 미국 같은 서양 사회도 좀 어색한 일이었는가 보다. 영어에 "May I have a doggy bag?"이라는 표현이 있다. 음식점에서 남은 음식을 싸달라고 부탁할 때 사용하는 말인데, 자신이 먹더라도 마치 집에 있는 강아지에게 음식을 갖다 줄 목적인 것처럼 음식 봉투를 달라는 식이다.

체면은 반드시 지위나 신분이 있는 경우에만 요구하는 것이 아니다. 우리 주변을 둘러보면 그 반대로 없어도 체면치레를 하는 경우가 상당히 있다. 중국이나 한국에서나 함께 식사를 하러 가면 일반적으로 자기가 먼저 음식값을 계산하려고 하는 의지가 강하다. 자신의 주머니 사정과는 상관없이 체면을 차리고 싶은 것이다. 서로 자기가 내겠다고 계산대에서 옥신각신하는 모습은 한국에서나 중국에서나 아주 흔한 광경이다. 주머니 사정이 괜찮거나 혹 다소 부족하더라도 긍정적인 면에서 볼 때, 이는 동양 사회 고유의 인정을 표현하는 방식이다. 하지만 주머니 사정이 부족한데도 구태여 그렇게 해야 한다는 강박관념이 있다면, 이는 일종의 체면을 중시하는 풍토에서 생겨난 악습이다. 당장 내일 굶어 죽을지언정 다른 사람보다는 내가 먼저 계산을 해야지 체면이 선다는 의식이 작용한 결과다. 서양의 회식 문화는 자기가 먹은 것은 자기가 계산하는 더치페이 방식이다. 중국어로 더치페이는 'AA즈(AA制, AA Zhi)'라고 한다.

오늘날은 한국이나 중국에도 더치페이하는 방식이 늘고 있다. 특히 젊은 세대에서는 더욱 그러하다. 더치페이한다는 것은 더 이상 이런 문제에 대해 체면 운운하는 것을 신경 쓰지 않는다는 의미다. 하지만 한국이나 중국의 경우 완전한 더치페이 방식도 있지만 불균형적인 더치페이 방식도 존재한다. 서양에서는 자기가 먹은 양만큼의 값을 내는 것이 원칙이다. 한국이나 중국도 물론 자기가 먹은 것만 계산하는 경우도 있겠으나 참석자 중 누가 무엇을 먹더라도 1/n로 계산하는 경향이 더 우세하다. 술좌석의 경우 자신은 평소 술을 안 하기 때문에 주로 음료수나 물을 마시더라도 참석한 사람 숫자대로 균등하게 술값을 낸다. 불완전한 형태의 더치페이지만 한국과 중국은 이 방식이 더 일반적이다. 젊은 층에서 더치페이가 점점 정착해가고는 있으나 1/n로 계산하는 정서가 남아 있다는 것은 중국이나 한국 사회에는 집단적 정(情) 문화가 잠재해 있기 때문이 아닐까?

상대방의 체면은?

자신의 체면을 살리는 것도 중요하지만 반대로 상대방의 체면은 어떻게 해야 하는가? 상대방의 체면을 챙기는 일은 한국과 중국 사이에 다소 차이가 난다. 중국인은 워낙 체면을 중요시하는 가치관을 지녔기에 상대방의 체면까지도 신경을 쓰며 인내한다.

어느 해인가 중국 친구가 한국을 방문하여 필자와 며칠을 함께 지낸 적이 있다. 그 친구는 우연한 기회에 내가 동석한 지인에게 잘못을 지적하며 직설적으로 비판하는 것을 보고는 "중국에서는 그렇게 하면 큰일 난다"라며 조언했다. 중국에서는 상대방이 설사 잘못했더라도 그 자리에서 직설적으로 비판하지 않는 것이 원칙이다. 만약 그렇게 하면 상대방의 체면을 깎는 것이 되어 그 사람과는 상당히 척을 져야 한다는 것이다. 이 점은 확실히 인정하고 넘어갈 부분인 것 같다. 한국 사람은 중국 사람에 비해 성격이 급하고 직설적인 편이다. 싫은 것이 있으면 그 자리에서 얼굴색이 변한다. 직장에서도 다른 사람들이 보는 앞에서 부하의 잘못을 큰소리로 나무라는 경우가 많다. 당하는 사람은 설사 잘못한 점이 있더라도 확실히 무시당하는 느낌이 들기 마련이다. 체면을 목숨보다 소중히 여기는 중국인들과 교류할 때 우리가 조심해야 할 부분이다.

한번은 또 중국 친구가 자신한테 엄청난 손해를 끼친 자기 회사 직원과 함께 한국을 방문한 적이 있다. 그런데 그 친구는 자신한테 해를 끼친 그 직원과 함께 대화하면서 일체의 내색을 하지 않았다. 한국 사람 시각으로는 그런 관계라면 함께 얼굴을 마주 대하기도 힘든 판국일 텐데, 이런 체면치레는 확실히 중국 사람이 한국 사람보다 한수 위다.

지금 와서 몇 년 전의 일이 생각난다. 몇 년 전 우리 학생들을 중국 대학에 연수 보낸 적이 있었는데 매우 부당한 처우를 받았다고 생각한 학생들한테 연락이 왔다. 우리 학생들의 입장을 대변하기 위해 나는 그 학교 담당자에게 전화를 해서 화가 난 커다란 목소리로 항의했다. 상대방은 그동안

나하고 꽤 가깝게 지내던 사람이고 지위도 상당한 사람이었는데, 결국 그 일로 그 사람과의 교류가 끊어졌다. 그 당시 나는 상대방 학교의 잘못된 일처리를 지적하고 정당하게 비판했다고 생각했지만, 지금 와서 생각해보니 상대방은 자신의 체면이 무시당했다고 생각하여 몹시 불쾌했던 모양이다.

한국 사람 '나이', 중국 사람 '나이'

너 나이 몇 살이야! vs 열 살 차이도 친구

한국 사회에서는 나이에 대해 매우 민감한 편이다. 처음 만나는 경우 상대방의 나이가 우선 궁금해진다. 나이 때문에 충돌이 일어나는 일도 우리는 종종 목격한다. 아주 익숙하게 들려오는 말이 "너 몇 살이야?" "너 몇 살인데 반말이야" "나 너만한 조카가 있어" 등이다. 그만큼 한국 사회에서는 서로 모르는 사람끼리도 나이에 대한 서열과 위계질서 의식이 매우 강하다. 두 사람이 다투는데 왜 나이가 등장할까? 중국 사람이 싸우는 것을 몇 번 목격했지만 나이를 언급하는 싸움은 없다. 아마 서양에서도 마찬가지라는 생각이 든다. 왜 우리는 나이를 들먹이면서 자신의 나이가 많은 것을 강조할까? 어떠한 상황에서도 나이가 한 살이라도 많으면 그만큼 대접받아야 한다는 강박관념이 있는 게 아닌지? 나이 많으면 대충대충 실수를 해도 되고, 아랫사람한테 막 대해도 좋고, 나이 적은 사람은 자신한테 무조건 공경해야 한다는 잘못된 생각에 젖어 사는 사람도 꽤 많다. 결과적으로 유가사상의 장유유서(長幼有序) 윤리가 잘못 발전된 형태로 보인다. 장유유서의 윤리관은 틀림없이 중국에서 전해졌는데, 이를 전해준 중국 사회에서는 오히려 나이를 가지고 서열을 따지는 광경은 거의 존재하지 않는다. 이를 전수받은 한국에서는 오히려 장유유서의 윤리관이 잘못 확대 적용된데다가 가부장적 권위주의마저 보태져 부작용이 따른다. 장유유서랍시고 나이로 상대방을 누르는 기형적인 모습으로 발전된 것은 아닌지 반성할 필요가 있다.

유가사상의 윤리관은 가족 구성원 사이에서 올바로 지켜야 할 행동강령으로부터 출발하고 있다. 부모님에 대해서는 효(孝)를, 형제지간에는 제(悌)를 들고 있다. 효에는 부모에 대한 절대적 순종의 의미를 담고 있으며, 제에는 형에게 최대한 공손한 태도를 취해야 함을 담고 있다. 유가사상에서는 사회도 가정의 확장으로 보기 때문에 효는 군주에 대한 충성으로 발전되고, 윗사람에 공경해야 한다는 행동강령은 장유유서라는 규범을 만들어냈다. 즉 대인관계에 있어서 윗사람과 아랫사람 사이에 확실하고도 엄격하게 서열을 정해서 이에 따르는 행동양식을 규정한 것이다. 이런 윤리관은 사회질서를 유지하는 데 나름대로 커다란 기능을 발휘할 수 있었다. 문제는 이 가치관이 한국으로 전파되면서 유가의 종주국인 중국에서도 존재하지 않는 나이에 의한 서열이 한국 사회에서는 기형적인 형태의 장유유서로 변형된 것이다.

장유유서에서 서열을 정하는 가장 기본적인 기준은 연령이다. 집안에서 부모와 자식, 형과 동생, 웃어른과 아랫사람의 서열은 아무래도 나이가 아래인 사람이 나이가 많은 사람한테 공경하고 순종하는 규범이다. 오늘날 한국 사회에서는 이런 서열 규범이 집안에서만 적용되는 것이 아니라 사회의 조직, 심지어는 자신과 아무런 상관관계가 없는 사람들에게도 이 규범을 적용하고 강요하면서 문제가 종종 발생한다. 부정적인 측면에서 보자면 나이로 상대방을 누르려고 하는 시도가 한국 사람들 마음속에 어느 정도 존재하고 있다는 말이다.

상대방 나이가 궁금한 한국 사람들

우리 주변 사람들을 살펴보면 대인관계에서 거의 공통적인 행동 패턴이 나타난다. 우선 사람을 처음 만나면 서로 존댓말을 사용하면서 최대한 예의를 지킨다. 시간이 지나면서 서서히 상대방의 나이가 궁금해진다. 왜 그럴까? 일단 나이의 상하를 따지고 그에 걸맞은 서열 관계를 확인하고자 하기 때문이다. 직접 몇 살이냐고 물어보는 것은 실례가 된다. 이때 동원되는 방식이 띠다. 상대방의 띠를 물어 나의 띠와 비교하면 금방 몇 살 차이라는 답을 얻을 수 있다. 물론 12살, 24살 차이도 같은 띠에 속하지만 이 정도 나이 차이는 쉽게 구별이 된다. 띠가 아닌 또 다른 방법은 학교 학번을 확인하는 것이다. 이런 방법으로 아주 쉽게 상대방과 나 자신과의 나이 차이를 확인한다. 나이 서열이 정해지면 서서히 말투가 변하기 시작한다. 처음에는 서로 아주 조심스럽고 공손한 말투를 쓰다가 서로의 사이가 익숙해지면서 나이 많은 사람의 말이 반말 형태로 변하기 시작한다.

같은 학교에서도 학년 사이에 엄격한 서열이 정해진다. 일단 학년이 높으면 선배요, 형이요, 언니다. 함부로 그 서열을 넘어서기가 어렵다. 중국 학생들이 한국에 와서 공부할 때 잘 이해하지 못하는 부분 중 하나가 이와 같은 대학 선후배 사이의 관계다. 한국 대학에서는 1년만 차이가 나도 단순히 선배·후배 관계가 아니라 형과 아우와 같은 가족관계의 서열이 적용된다. 남녀 모두 할 것 없이, 후배는 선배에게 공손히 해야 하는 것이 불문율이다. 그래서 한국 대학의 신입생 환영 모임에서 특이한 광경이 벌어진다. 삼수를 한 신입생이 소개를 한다. "저는 이번에 입학한 박보검입니다. 삼수했습니다." 삼수를 했다는 사실이 그다지 내세울 만한 일은 아님에도 불구하고 구태여 이 사실을 밝힌다. 왜 그럴까? 한국에서는 중고등학교 1년 차이만 나더라도 엄격한 선후배 관계가 정립되어 후배는 선배한테 깍듯이 대해야 하는 것이 전통 아닌 전통이 되었다. 문제는 대학에 들어가면서 여러 고등학교 출신들이 모이는데 어떤 학생은 재수, 삼수를 하다 보니 2학년, 3학년 선배들과의 관계 정립에 다소 불편함이 따른다. 나이는 분명 내가 위인데 상대방은 대학의 위학번이니 선배 대접하기도 뭐한 상황이다. 동시에 상대방이 나의 나이를 모르고 후배 식으로 막 대하는 것도 본인으로서는 참기 어려운 상황이 될 공산이 크다. 그래서 적어도 자신의 나이를 간접적으로라도 밝혀 갓 들어온 신입생 대하듯이 막 대해주지 않기를 바라는 심리가 깃들어져 있는 것이다. 요사이는 심지어 같은 해에 태어났더라도 빠른 생일, 늦은 생일 식으로 서열을 정하기도 한다. 그만큼 한국에서는 나이에 의

한 서열이 중요하기 때문이다.

　나이 서열을 따지지 않는 중국의 경우는 반대로 다음과 같은 상황이 자연스럽다. 원하는 대학에 합격하지 못하면 재수를 하는데, 우리나라와 달리 자신이 졸업한 고등학교로 다시 돌아가서 일정의 학비를 납부하고 후배들과 함께 공부한다. 우리나라 같으면 고등학교 선후배 사이의 상하관계가 엄격하기 때문에 재수하는 선배와 고등학교 3학년 후배와의 관계가 매우 껄끄럽게 된다. 말투는 어떻게 해야 하고 호칭은 어떻게 해야 하는지 매우 곤혹스러울 것이다. 중국에서는 이런 것이 아무런 문제가 되지 않는다. 함께 이름 부르고 함께 학습하는 데 아무런 문제가 없다.

서열에 따라 복잡해지는 언어체계

　한국은 서열에 따라 사용하는 언어도 매우 복잡하다. 한국어의 표현법이 다양한 것은 좋지만 나이 때문에 쓸데없는 형식에 얽매이는 것이 아닌가라는 생각이 들 정도다. 외국 유학생들이 한국에 와서 제일 고생하는 부분 중 하나가 복잡한 언어 층차의 문제다. 중국에서는 "식사하셨습니까?"라는 인사를 일반적인 상황에서는 "니츠판러마(你吃飯了嗎,

ni chi fan le ma)"라 하는데, 상대방이 아주 윗어른인 경우에는 니(你, ni) 대신에 닌(您, nin)으로 바꾸는 정도면 충분하다. 하지만 한국에서는 상대방의 나이와 서열에 따라 그것도 나이가 어느 정도 차이 나느냐에 따라 매우 복잡해진다. 나이가 아주 많은 경우, 나이가 조금 많은 경우, 나이가 비슷한 경우, 모르는 사람의 경우에 따라 '먹어라, 먹으세요, 식사하세요, 드세요, 잡수세요' 등 매우 다양해진다. 상대방에 대한 호칭도 매우 복잡하다. 나이가 아주 많은 사람, 조금 많은 사람, 처음 보는 사람, 아랫 사람 등등 이렇게 많은 각양각색 표현의 관건은 바로 나이의 많고 적음이다. 상대방이 먹는 밥에 대해서도 그 사람의 나이에 따라 표현이 다르다. '밥, 식사, 진지' 등 매우 복잡하다.

어쨌든 한국 사회에서는 나이로 서열을 따지는 문화와 복잡한 언어체계가 얽혀 잘 모르는 사람사이에서 별것도 아닌데 이 문제로 종종 싸움이 일어나기도 한다. 이유인즉, "내가 너보다 나이가 더 많은데 왜 존경어를 쓰지 않고 함부로 반말을 쓰느냐" 하는 것이다. 이는 모두 가족 내의 상하관계가 그대로 사회의 대인관계에도 적용되고 있음을 보여주는 단적인 예다. 어떤 분이 컬럼에서 주장했던 말이 생각난다. 나이의 고하를 떠나서 아예 전부 일반적인 존댓말로 하자는 주장이었다. 구태여 머리 쓰면서 복잡한 언어체계를 외울 필요도 없고, 그러다보면 자연스레 말투 때문에 벌어지는 시비도 방지할 수 있겠다는 생각이 들어 그 주장에 공감이 갔다.

필자가 가르쳤던 어느 중국 교환학생이 중국으로 귀국해서 이메일을 보내왔다. "선생님, 나 귀국했다" 그저 웃을 수밖에 없었다. 고의가 아니었을 테니까.

중국의 경우는 어떨까? 한국의 남자 유학생 대부분은 군대를 마치고 유학을 가기 때문에 대학교를 갓 졸업하고 대학원에 입학한 현지 학생들보다는 몇 살 정도가 많은 것이 보통이다. 처음 유학 생활에 접어든 한국 학생들이 겪는 심리적 갈등은 학생들 사이에서의 서열 관계다. 사실 중국에서는 학생들 사이에 서열이란 없다고 봐야 한다. 한국 학생은 일단 나이 서열에 익숙한 문화에 젖어든 사람들이다. 같은 학년이지만 동급생들은 대부분 자신의 동생 나이인데 자신에 대한 호칭에서부터 자신에게 대하는 행동은 동년배 친구와 다름없기 때문에 처음 중국에 발을 디디면서 일종의 문화적 쇼크를 겪는다.

중국도 틀림없이 장유유서의 윤리관이 존재하는 사회다. 하지만 적어도 한국과 같이 나이로 상대방을 누르려고 하는 그런 분위기는 없다. 나이를 앞세워 상대방과의 교류에서 서열을 정하려 한다면 100% 실패하는 대인관계가 된다. 학교에서도 선후배 사이로 학년이 다르다고 엄격한 상하의 서열이란 것이 없다. 학년이 높으면 그저 학교 상급생이고 학년이 아래면 하급생일 뿐이다. 후배가 선배한테 깍듯이 대하거나 선배가 후배한테 형처럼 행동하는 그런 분위기 자체가 없다. 사회조직에서도 나이가 몇 살이 차이나더라도 친구 사이로 지낸다. 자신보다 나이가 몇 살 차이가 있는 지인을 남한테 소개할 때도 "이쪽은 저의 친구입니다"라고 말한다. 한국에서는 자기가 평소 동생같이 대하는 사람을 중국인한테 소개할 때 "이 사람은 나의 동생입니다"하면 상대방은 진짜 동생인 줄 착각한다. 중국식 소개는 그저 "저의 친구입니다"라고 하면 된다. 중국어 성어에 '왕녠즈자오(忘年之交, wang nian zhi jiao)'라는 말이 있다. '왕(忘, wang)'은 '잊다', '녠(年, nian)'은 '나이', '즈(之, zhi)'는 '~의', '자오(交, jiao)'는 '교제'라는 뜻이니 '나이를 떠나 우의가 돈독한 관계'를 말한다. 한국에서는 감히 상상하기 힘든 대인관계다.

중국어에는 한국어와 같이 보통어, 존경어 등의 구별이 없다. 공손함을 표기하기 위해 동사 앞에 영어의 'Please'에 해당하는 '칭(請, qing)'이라는 단어만 붙이면 존경어가 된다. 물론 중국어에도 윗사람에게 특별히 쓰는 표현이 있기는 하다. 예를 들어 좀 더 공경함을 표시하기 위해 '당신'이라는 호칭인 '니(你, ni)'를 '닌(您, nin)'으로 하기도 한다. 예를 들어 '안녕하세요'는 중국어로 '니하오(你好, ni hao)?'인데 공경하는 표현으로는 '닌하오(您好, nin hao)?'라고 한다.

나이를 물어볼 때에도 일반적으로 "올해 나이가 몇입니까"의 "진녠둬다(今年多大, jin nian duo da)?"라는 표현이 있다. 동시에 우리나라의 "춘추가 어떻게 되세요?"라는 뜻의 "구이겅(貴庚, gui geng)?"이라는 존경어도 있다. 문제는 오늘날 젊은 세대에 물어보면 이 말의 뜻조차 모른다. 나이 든 분들한테 필자가 이 말을 쓰면 오히려 외국인이 어떻게 그런 표현을 알고 있느냐고 깜짝 놀란다. 다시 말해 오늘날에는 거의 사어(死語)가 되었다고 보는 게 타당할 것이다. 결론적으로 이야기해서 중국어에는 한국어와 같이 서열에 따라 언어를 달리 써야하는 복잡한 구조가 아니기 때문에 말투로 인해 벌어지는 시비가 없다.

술과 담배도 서열에 따라서

한국과 중국 사회의 서열 문화에 관심을 가지면서 또 하나 다른 점을 발견할 수 있었다. 담배와 술문화다. 한국 사회에서 윗사람과 아랫사람이 함께 자리를 할 때 담배를 함께 피울 수 있을까? '맞담배'라는 단어가 갖고 있는 억양에서 보듯이 기본적으로 예의에 어긋난다. 아랫사람은 윗사람이 안 보는 자리에서 몰래 피우는 것이 기본적인 예의다. 윗사람이 괜찮다고 허락을 해도 아랫사람 입장에서는 몇 번 사양하다 마지못해 피우지만, 맞담배와 같이 정면에서 함께하지 못하고 매우 조심스러운 동작으로 흡연을 하는 것이 일반적인 광경이다. 술에 관한 예절은 담배보다 좀 유연한 모습을 보인다. 담배와 같이 윗사람과 함께 해서는 안 될 존재는 아니다. 대신 윗사람과 할 때는 공손한 모습으로 잔을 받고 고개를 돌려 마신다. '제가 감히 어떻게 어른하고 함께'라는 마음가짐으로 말이다. 중국의 경우 담배는 서열의 상하를 떠나 자유롭게 함께하는 분위기다. 우리가 말하는 소위 '맞담배'를 할 수 있다. 필자가 유학을 할 때에도 지도교수와 학생이 서슴없이 맞담배 하는 경우를 꽤 볼 수 있었다. 술도 함께 자연스럽게 하는 분위기다. 한국에서와 같이 몸을 돌려마셔서 외국인들을 당황하게 하는 경우도 없다. 대신 잔을 부딪칠 때 자신의 잔을 상대방의 잔보다 낮게 해서 상대방에 대한 존경을 표시하기는 한다. 역시 일종의 문화 차이인셈이다. 한국에서는 몸을 돌려 마시는 것이 공손한 예의이겠지만 오히려 다른 나라 사람들이 볼 때는 '왜 내가 싫은가? 왜 나를 피하는가?'라는 오해도 살 수 있는 동작이다.

12간지를 대하는 중국인의 자세

12년 만에 돌아오는 같은 띠의 해. 중국에서는 어떤 일이?

나이 이야기를 하자면 띠에 관한 이야기를 빼놓을 수 없다. 한국에서 활용하고 있는 띠의 문화는 아마도 중국을 통해 들어온 것 같다. 우선 띠에 등장하는 12동물이 중국의 그것과 완전히 일치한다. 중국에서는 띠를 '십이생초(十二生肖, shi er sheng xiao)' 또는 '십이속상(十二屬相, shi er shu xiang)'이라고 한다. 하지만 띠 문화가 중국 고유의 것은 아닌 것 같다. 중국 서북 지역의 유목민족도 띠를 사용해 해를 기록했다는 기록이 있고, 인도에도 띠를 사용한 기록이 있는데 호랑이 대신 사자가 있으며 기타 다른 동물은 똑같다.

중국은 예로부터 연·월·일·시각을 표시할 때 하늘의 기운인 십간(十干)과 땅의 기운인 십이지(十二支)를 결합하여 표시하였다. 이런 역법 표시 방법은 지금도 그대로 답습되어 갑자년(甲子年) 을축년(乙丑年) 등의 표현을 달력에서 볼 수 있다. 참고로 십간은 갑(甲)·을(乙)·병(丙)·정(丁)·무(戊)·기(己)·경(庚)·신(申)·임(壬)·계(癸)다. 후에 십이지와 동물을 결합시켜 "띠"라는 개념을 탄생시켰다. 잘 알다시피 십이지는 자(子)·축(丑)·인(寅)·묘(卯)·진(辰)·사(巳)·오(午)·미(未)·신(申)·유(酉)·술(戌)·해(亥)인데, 여기에 동물을 결합시켜 자(子)는 쥐, 축(丑)은 소, 인(寅)은 호랑이, 묘(卯)는 토끼, 진(辰)은 용, 사(巳)는 뱀, 오(午)는 말, 미(未)는 양, 신(申)은 원숭이, 유(酉)는 닭, 술(戌)은 개, 해(亥)는 돼지 식으로 동물의 형상을 가지고 그 해에 태어난 사람의 성격이나 운세를 판단하는 근거로 삼았다.

띠는 언제부터 활용하였는가? 확실히 고증할 방법은 없지만 중국 학자들의 견해를 빌리면 후베이성(湖北省)과 간쑤성(甘肅省)에서 발굴된 진(秦)나라 유물에서 띠와 관련된 기록이 발견되었는데, 일찍이 선진(先秦) 때부터 비교적 완전한 형태의 띠 관련 흔적이 있음을 알 수 있다. 오늘날 우리가 활용하는 띠와 완전히 같은 형태의 12띠를 기록하고 있는 문헌으로는 동한(東漢, 25~220년) 시대에 왕충(王充, 27~99)이 지은『논형論衡』「물세편物勢篇」의 기록을 들고 있다.[11]

그렇다면 그 수많은 동물 중 왜 이들 12동물을 결합시켰을까? 이에 대해서도 많은 추측이 있다. 동물숭배와 관련이 있다는 설, 별자리와 동물의 형상을 결합시켰다는 설, 동물들이 활동하는 시간을 기준으로 하여 동물들을 정했다는 설 등이다. 하지만 어디까지나 추측일 뿐이다. 그런데 우연인지 12동물을 보면 소·말·양·닭·개·돼지 등 6동물은 사람이 키우는 가축군에 속하며, 나머지 쥐·호랑이·토끼·용·뱀·원숭이 등 6동물은 야생에 속하는 동물군(용은 상상 속의 존재이지만)이다. 우연인지 의도적인지 가축과 야생동물의 균형을 맞추고 있음을 알 수 있다.

우리가 사용하고 있는 띠의 개념이나 동물의 명칭 및 배치 순서도 중국의 것과 완전히 같다. 우리는 상대방의 나이가 궁금할 때 "띠가 어떻게 됩니까?" "무슨 띠입니까?"라는 표현을 쓰듯이 중국에서도 "수선머(屬什麽, shu shen mo)?"라고 질문을 한다.

띠와 궁합

 띠에 관해 오늘날 한국 사회에서는 크게 의미를 부여하지 않는다. 그저 재미 삼아 남녀가 서로 사귈 때 겉궁합이라 하여 남녀 각각의 띠가 서로 어울리는가, 충돌이 많은 사이인가를 알아보는 정도이지 띠 자체에 심각한 의미를 부여하지는 않는다. 하지만 과거에는 한국이나 중국 할 것 없이 띠는 결혼 과정에서 매우 중요한 역할을 했다. 남녀가 결혼한 이후의 상황 변화에 대해 가정이 행복할지 불행할지에 대해 예측할 수 없기 때문에 띠를 포함한 사주(四柱)에서 그 답안을 찾으려 했다. 남녀 간에 띠의 상관관계가 결혼 생활의 길흉화복을 결정하는 데 중요한 역할을 한다고 믿었기 때문이다. 예를 들면 남녀 상호간의 띠가 서로 상생(相生)하는 관계면 가정이 행복해지고 서로 상극(相剋)이면 불행해진다고 보았다. 서로 상극인 띠임에도 결혼을 강행하게 되면 결혼 생활이 순탄하지 않다든지 심지어는 어느 한쪽이 먼저 죽는다든지 하는 식으로 생각했다. 이런 경향은 특히 중국 북쪽 지역이 좀 더 심각해서 '말띠는 소띠를 무서워하고[백마파청우白馬怕靑牛]' '양띠와 쥐띠가 만나면 좋은 결과가 없고[양서일단휴羊鼠一旦休]' '뱀띠와 호랑이 띠가 만나면 칼이나 줄칼 같이 화목한 날이 없고[사호여도착蛇虎如刀錯]'

'토끼띠와 용띠가 만나면 눈물의 결혼 생활[토룡루교류兔龍淚交流]' '닭띠는 개띠를 무서워하고[금계파옥견金鷄怕玉犬]' '돼지띠와 원숭이띠는 평생을 함께 해로할 수 없다[저후불도두猪猴不到頭]' 등의 말이 전해온다. 물론 반대로 "쥐띠와 소띠, 호랑이띠와 돼지띠, 용띠와 닭띠, 뱀띠와 원숭이띠, 말띠와 양띠, 토끼띠와 개띠 등은 아주 잘 어울리는 결혼 배합이라 여겼다.[12]

자기 띠의 해에는 매우 조심하는 중국인

오늘날 한국 사회에서는 띠에 대한 관념이 과거와 같이 인생의 방향을 안내해줄 정도로 의미 있게 여기지는 않는다. 하지만 중국에서는 '띠'와 관련하여 여전히 매우 중요시 여기는 풍속이 있다. 띠는 12동물 또는 십이지의 순서로 돌기 때문에 12년 만에 자신이 태어난 해의 띠와 다시 만난다. 이를 중국에서는 '번밍녠(本命年, ben ming nian)'이라 한다. 한국의 경우 자기 띠에 해당되는 해가 돌아오면 '벌써 12년이라는 세월이 흘렀구나' 정도의 생각에서 그칠 것이다. 중국에서는 '번밍녠'에 대한 입장이 매우 엄숙하고 심각한 수준까지 이른다. 왜냐하면 중국에서는 이 해가 되면 사람들은 자신한테 불길한 한 해라고 여기기 때문이다. 중국에는 예전부터 '번밍녠에는 즐거움이 없고 불길한 일만 생긴다'라는 말이 전해져 내려온다. 그래서 자기 띠의 해가 돌아오면 사람들은 만사에 대해 매우 조심한다. 물론 이를 미신으로 돌리는 사람도 있지만 오랜 전통적인 관념상 이 해에는 모든 일이 여의치 않거나 혹은 황당한 일을 만난다고 여겨서 보험을 드는 기분으로 조심스럽게 '번밍녠'에 임한다.

불길하다고 여기는 이 한 해를 무사히 넘기기를 빌면서 중국인들은 각종 조치를 취하는데 가장 일반적인 방법은 붉은색으로 된 여러 가지 사물을 몸에 걸치는 것이다. 예를 들어 붉은색의 내의나 붉은색의 양말을 신고 붉은색의 허리띠를 맨다든지 하는 방법으로 한 해를 무사히 넘기기를 기원한다.

그 수많은 색 중 왜 하필 붉은색을 사용할까? 우선 음양(陰陽)설로부터 해석을 해보자. 음양설에 의하면 여러 색 중에서 양(陽)의 기운이 왕성한 색은 푸른색과 붉은색이다. 이 중에서 특히 붉은색이 더욱 강한 양(陽)의 기운을 갖고 있다고 여긴다. 한편 죽은 사람의 영혼이 활동하는 곳을 중국 사람들은 음간(陰間), 살아 있는 사람이 활동하는 공간을 양간(陽間)이라고 한다. 원래 양간과 음간의 세계는 교류할 수 없으나 특수한 상황 하에서는 서로 교류할 수 있다고 믿었으며, 특히 밤이나 어두운 곳에서는 더욱 그럴 수 있다고 여긴다. 그래서 귀신에 관한 이야기는 대부분 밤을 배경으로 한다. 귀신들의 속성인 음기(陰氣)를 물리치기 위해서는 강력한 양(陽)의 기운이 필요하다. 이때 주로 사용되는 색이 바로 붉은색이다. 푸른색과 붉은색 중 특히 붉은색이 양(陽)의 기운이 강하며, 양(陽) 중에서 가장 강한 양은 태양(太陽)이며 태양의 상징색은 붉은색이다. 음(陰)의 세계와 양(陽)의 세계가 교류하는데 가장 큰 장애는 햇빛이며, 해가 동녘에 뜰 무렵 모든 귀신은 도망간다고 생각한다. 따라서 귀신들이 가장 싫어하는 것은 태양이며, 태양의 색인 붉은색을 사용하면 귀신들이 접근하지 못하리라 생각한 것이다.[13] 일종의 벽사(辟邪) 행위인 것이다. 벽사란 재난이나 사악한 존재로부터 인간을 보호하고 귀신을 몰아내고자 하는 독특한 문화양식을 의미한다.

이외에 '번밍녠'에 벽사(辟邪)를 위해 자주 동원되는 사물로는 옥(玉), 복숭아나무, 불교를 믿는 사람들이라면 염주 등이 있다. 옥은 중국에서 전통적으로 벽사(辟邪)의 상징으로 여기는 보석이다. 그래서 '번밍녠'의 벽사(辟邪) 뿐만 아니라 중국인들은 먼 길 여행을 떠날 때 무사함을 기원하기 위해 옥에 붉은 실로 꿰어서 목에 걸기도 한다. 복숭아나무 또한 일명 선목(仙木)이라 하여 예로부터 귀신을 물리치는 나무로 인식되어 왔다. 과거에는 복숭아나무로 만든 나무판에 복을 기원하는 글을 써서 집 대문 양 옆에 걸어놓기도 했다. 오늘날에는 '번밍녠'의 벽사를 위해 복숭아나무로 만든 판에 붉은 실을 매어 허리에 차고 다니기도 한다.

같은 한자(漢字) 다른 뜻

저는 기차 교관입니다.

언젠가 중국 사람을 소개 받은 적이 있었다. 그 사람은 한
국어를 배워서 한국어로 자기소개를 했다. "저는 기차 교관
입니다"라고 당당하게 말했다. 나는 속으로 '아, 기차 기관
사를 양성하는 교관이구나'라고 생각했다. 그런데 그 사람
과 계속 이야기하면서 직업에 관해 뭔가 앞뒤가 맞지 않다
는 느낌이 들었다. 얼마 후에 깨달았다, 그 사람의 직업은 자
동차 교습소 교관이라는 것을. 중국어에서는 자동차를 '기차
(汽車)'라고 쓰고 '치처(qi che)'라고 발음한다. 그 사람은 한국

어를 배웠지만 이를 착각하고 기차라는 단어를 그대로 한국어 발음으로 읽어서 자기소개를 한 것이다. 우리가 말하는 기차는 중국에서 '화차(火車)'라고 쓰고 '훠처(huo che)'라고 발음한다. 즉, 중국에서 '기차(汽車, qi che)는 한국에서 자동차를 뜻하고, 중국에서 '화차(火車, huo che)'는 한국에서 '기차'를 뜻한다.

갑골문의 등장

우리의 언어 속에는 적지 않은 한자(漢字)가 들어와 있다. 물론 중국에서 온 것이다. 잠시 방향을 바꾸어 한자가 언제부터 사용되었는지 그 역사에 대해 알아보자. 오늘날 발견된 것 중에서 한자의 가장 오래된 모습은 약 3,000년 전의 갑골문(甲骨文)이다. 갑골문은 비록 가장 오래된 글자지만 이것을 발견하여 알아본 시기는 100여 년밖에 안 된다. 오랫동안 사람들은 이 갑골문의 존재를 미처 알지 못해서 그간 발견되었던 갑골문은 파괴되거나 '용골(龍骨)'이라는 만병통치약으로 약재상에 팔려 나갔다. 1899년에 이르러서야 범(範)씨 성을 가진 골동 상인이 이 갑골을 베이징으로 갖고 가서 고문자 학자인 왕의영(王懿榮)에게 보여주었다. 왕씨는 갑골에 새겨져 있는 기호가 중국 고대의 글자임을 밝혀냈다. 이후로 대대적인 갑골문의 수집이 벌어져 사람들은 1899년을 갑골문의 실제 발견의 해로 삼고 있다.

왕의영은 갑골문의 존재를 최초로 밝혀낸 사람일 뿐 아니라 갑골문 사용 시기가 은나라(기원전 18세기~기원전 11세기)임을 밝혀낸 사람이기도 하다. 은나라 때에는 미신을 숭상하여 제사·정벌·수렵 등을 행할 때에는 거북의 갑각이나 동물의 뼈를 사용하여 길흉을 점쳤었다. 아울러 그 위에 점을 실시한 날짜·시행자의 이름·점을 친 사항 및 점의 결과 등을 문자의 형식으로 새겨놓았다. 이 글자들을 거북이의 배껍질이나 소의 뼈(특히 어깨뼈)에 새겨 넣었다고 해서 '갑골문(甲骨文)'이라는 명칭을 갖게 되었다.[14]

한국의 한자는 기본적으로 중국과 동일, 그러나……

우리나라에서 한자가 본격적으로 우리 언어로 사용되기 시작한 것은 기원전 108년 고조선이 한(漢)나라에 멸망당해 소위 '한사군'이 설치된 때부터로 추정된다. 지금까지 이미 2,000년 넘게 한자가 사용되면서 한자는 한국어를 표기하는 중요한 수단으로 자리를 잡았다. 필요에 따라 새로운 한자로 정착되거나, 새로운 뜻과 음이 더해진 것, 고유 명사 표기를 위한 것, 불교 음역을 위한 것 등 상당수의 한국 고유 한자가 생겨났다.[15] 하지만 기본적으로 우리가 사용하고 있는 한자는 중국에서 유래된 것이다. 그래서 중국의 한자나 한국의 한자는 대부분 같은 뜻으로 사용되고 있다. 그럼에도 오랫동안 서로 다른 언어와 문화권에서 한자가 변용·생성·소멸 과정을 겪다보니 같은 글자임에도 서로 다른 쓰임새로 사용되는 일이 발생한다. 따라서 중국어를 배우지 않고 기존 한자의 지식으로 중국어 한자를 해석하면 잘못된 뜻으로 이해하는 경우가 생길 수 있다. 이에 몇 가지 사례를 들어 설명하는 것을 끝으로 이 글을 마무리하고자 한다. 이 글이 앞으로 중국 문화를 접하게 될 독자에게 조금이나마 도움이 되길 바란다.

선생

타이완에서 있었던 이야기다. 어느 한국인 여자 유학생이 자신의 지도교수와 함께 길을 가다 현지인 친구를 만났다. 그래서 그 친구를 자기 지도교수에게 소개하고 아울러 지도교수를 그 현지인 친구에게 소개했다. "이분은 나의 선생님이야(這位是我的先生, zhe wei shi wo de xiansheng)"라고 말했다. 그러자 현지인 친구는 깜짝 놀라면서 "너 언제 결혼했었니!?"라고 되물었다. 그 여학생이 말한 '선생(先生)'은 타이완에서는 자신의 남편을 가리킬 때 사용하는 호칭이다. 우리가 말하는 선생은 중국어로 '라오스(老師, lao shi)'인데, 순간 그 여학생은 착각을 해서 우리말의 '선생'을 그대로 중국어 발음으로 말한 것이었다. 이런 경우는 그야말로 대형사고에 속하는 언어 실수라 할 수 있다. 미혼 여성이 갑자기 기혼 여성으로 바뀌었고, 그 타이완 지도교수는 졸지에 제자가 부인으로 둔갑한 격이 되었기 때문이다.

애인

중국에서 자기 부인이나 남편을 소개할 때 주로 사용되는 표현이 '애인(愛人, ai ren)'이다. 중국 남자가 자신의 옆에 있는 여자를 소개하면서 '저스워더아이런(這是我的愛人, zhe shi wo de ai ren)'이라고 말하면 두 남녀가 사귀는 애인 관계라고 생각하면 안 된다. '아이런(愛人)'은 자신의 부인을 소개하는 것이다. 반대로 여자가 남자를 '아이런(愛人)'이라고 소개할 때는 자신의 남편이라는 뜻이 된다. '나에게 사귀는 여자 친구 또는 남자 친구가 있다'라는 말을 표현하고 싶으면 중국어에서는 '뉘펑유(女朋友, nü peng you)' 또는 '난펑유(男朋友, nan peng you)'라는 단어를 쓰면 된다.

대상

대상(對象, dui xiang)이라는 단어도 우리가 혼동하기 쉬운 한자이다. '대상'이면 우리나라에서는 상대방 또는 어떤 일의 목표나 목적을 가리키는데, 중국어에서는 '결혼 상대자'를 가리킨다. "결혼할 사람 있어요?"라고 물으려면 "니유메

이유두이샹(你有沒有對象, ni you mei you dui xiang)?"이라고 말한다. 혹은 자기 약혼자를 소개할 때도 '저스워더두이샹(這是我的對象, zhe shi wo de dui xiang)'이라고 말한다. 이외에도 이미결혼한 사이에서도 남한테 자신의 배우자를 소개할 때 쓰기도 한다. 이 경우는 앞에서 말한 '아이런(愛人)'의 의미와 같아진다.

노파

노파(老婆, lao po)를 그대로 읽으면 한국에서는 '나이 드신여자 분'을 가리킨다. 중국에서는 뜻이 달라진다. '마누라'의뜻이 된다. 중국에서 '나이 드신 여자 분'을 나타낼 때에는글자 뒤에 '얼(兒)'을 붙여 '라오폴(老婆兒, lao por)'이라고 한다. 만약 가까운 사이의 사람들에게 자기 부인을 소개하면서"이쪽은 나의 라오포(老婆)야"라고 말하면 자신의 부인을 친근감 있게 부르는 호칭이 된다. 그야말로 '내 마누라야'라는의미가 되는데 그렇지 않은 상황에서는 자신의 부인을 좀낮추어 부르는 속된 호칭이 된기도 한다.

장부

장부(丈夫, zhang fu)는 한국에서는 다 자란 씩씩한 남자 또는 대장부를 일컫는다. 중국에서는 '남편'이라는 의미가 된다. 최근에는 중국어에 '다장푸(大丈夫, da zhang fu)' '샤오장푸(小丈夫, xiao zhang fu)'라는 새로운 개념이 생겼다. 남편이 상당히 연상인 경우에는 '다장푸', 연하인 경우 '샤오장푸'라는 단어를 쓰는데 최근 들어와 문학작품이나 방송드라마에서 사용하기 시작했다. 왜 이런 표현이 생겼나 하면 과거에는 결혼은 일반적으로 비슷한 연령끼리 하는 경우가 대부분이었기 때문에 이런 단어가 필요 없었다. 하지만 최근에는 나이 차이가 많이 나는 사람끼리 결혼하는 부부가 생기면서 '다장푸'나 '샤오장푸'라는 새로운 유행어가 생겨났다.

주점

중국을 여행 중인 한국 방문객이 길을 가다 술 한잔이 생각났다. 이리저리 두리번거리다 '○○○주점(酒店, jiu dian)'이라는 간판을 발견했다. 생각보다 큰 건물이라 '중국의 술집들은 규모가 꽤 크구나'라고 생각하면서 그곳으로 들어갔다. 들어가보니 자신이 생각했던 술집이 아니라 호텔이었다. 중국에서는 '호텔'을 '주점' 또는 '대주점'이라고 쓴다. 음식점도 주점이라는 간판을 내거는 집도 있다. 과거 중국에서는 주점에서 식사도 하고 술도 먹고 투숙도 할 수 있어서 이 단어가 호텔로 쓰이게 된 것이 아닐까? 중국에서 전문적으로 술을 먹는 우리식의 주점은 '지우바(酒吧, jiu ba)'라고 한다.

'바(吧, ba)'는 영어의 'bar'에서 음역해 온 단어다. 예를 들어 PC방은 '왕바(網吧, wang ba)'라고 한다. '왕(網, wang)'은 '인터넷'을 말한다.

요리

"당신 무슨 요리를 좋아합니까?"를 중국어로 "你喜歡什麼料理(ni xi huan shen me liao li)?"라고 번역하면 원칙적으로 틀린 중국어가 된다. '요리(料理: liao li)'는 중국어에서 '음식'의 뜻이 아니라 '다루다'라는 뜻의 '~을 요리하다'라는 의미로 쓰인다. 예를 들어 '랴오리자스(料理家事, liao li jia shi)'하면 '집안일을 돌보다'라는 뜻이 된다. 중국어에서는 요리를 '차이(菜, cai)'라고 해야 한다. 예를 들어 한국요리는 '한궈차이(韓國菜, Han guo cai)', 중국요리는 '중궈차이(中國菜, Zhong guo cai)'하는 식이다.

중국 거리를 걷다보면 한국인이나 일본인이 경영하는 음식점에 '한국요리(韓國料理)' '일본요리(日本料理)'라고 쓴 간판들이 가끔 등장하는데, 이는 원칙적으로 잘못된 표현이다. 하지만 언어는 변하기 마련, 언젠가는 정식 중국어로 인정받을지도 모르겠다. '철학(哲學)' '여관(旅館)' '결혼(結婚)' 등은 원래 중국에서 사용하던 한자가 아닌 일본식 한자였는데 이제는 버젓이 중국 한자의 대열에서 정식 언어로 대접받고

있으니 말이다. 참고로 '결혼(結婚)'의 정식 중국어는 '혼인
(婚姻)'이다.

신문

"'당신은 무슨 신문을 봅니까?'라는 말을 중국어로 "你看
什麼新聞(ni kan shen me xin wen)?"이라고 번역하면 오역이
된다. 중국어에서 '신원(新聞, xin wen)'은 영어의 'News'에 해
당되는 단어다. 글자 그대로 풀어보면 '새로운 소식'이라는
단어다. 우리가 일반적으로 말하는 신문은 중국어에서는 '바
오즈(報紙, bao zhi)'라고 한다.

동방과 동양

중국어로 '동양인'은 '동방인(東方人)'이라고 표현한다. 서
양인은 당연히 '서방인(西方人)'이 된다. 그런데 중국 문장을
보다가 '동양(東洋)'이라는 단어를 보고 이를 우리식으로 '동
양'이라고 해석하면 안 된다. 중국에서 '동양'은 '일본'을 가
리킨다. '중국(中國)'은 글자 그대로 자신의 국가가 세계 중심
이라고 생각했기 때문에 생겨난 명칭이다. 그래서 '동양'이
란 단어는 바다 동쪽에 있는 나라, 즉 '일본'을 지칭하는 것
이다.

리

오늘날 우리가 볼 수 있는 만리장성(萬里長城)은 진시황(秦始皇)때 구축한 만리장성이 아니라 그보다는 좀 더 남쪽으로 내려온 명나라 때의 만리장성이다. 물론 어떤 구간은 진시황 때와 겹치는 부분이 있겠지만. 만리장성을 킬로미터로 환산하면 얼마나 될까? 한국에서 일리(一里)는 4킬로미터인데 만약 이런 식으로 계산하면 4만 킬로미터라는 엄청난 길이가 나온다. 사실 중국에서 1리는 500미터를 말한다. 이 방식으로 계산하면 만리장성은 대략 5,000킬로미터가 되는데 실제 거리는 명나라 때 문헌에 의거하여 1만 3,300리(里)로 약 6,300킬로미터로 추정된다고 한다. 킬로미터는 중국어로 '궁리(公里, gong li)'라고 한다.

근

우리 나라의 한 근(斤)과 중국의 한 근은 다르다. 한국에서 한 근은 고기나 한약재의 경우 600그램에 해당되고 과일이나 채소의 경우에는 375그램이다. 중국에서의 한 근은 500그램이 된다. 킬로그램은 중국어로 '궁진(公斤, gong jin)'이라고 한다. '궁(公, gong)'이 들어가면 일단 세계적으로 통용된다는 뜻을 갖고 있다. 킬로미터를 '공리(公里)', 서기 몇 년을 '공원(公元) 몇 년'이라고 표기하듯이.

인연과 연분

중국 친구와 우연히 저 멀리 미국의 어느 도시에서 우연히 만났다. "우리는 정말 인연이 있는가 보다. 이렇게 멀리 떨어진 외국에서 우연히 만나는 것을 보니"라고 말하며 반갑게 악수를 한다. 이 경우 중국어로 표현할 때 한국 한자식으로 '인연(因緣)'이란 단어를 쓰면 안 된다. 한국어에서 '인연'은 중국어에서 '남녀 사이의 연분(緣分)'의 뜻으로 쓰인다. 중국어에서 '연분(緣分)'은 한국어에서 쓰는 일반적인 '인연'을 의미한다. 위의 대화를 중국어로 표현한다면 '(我們眞的有緣分, wo men zhen de you yuan fen)'이라고 해야 한다.

주임

한국의 회사나 기관에는 '주임'이라는 직책이 있었다. 회사에서는 부장 밑에 과장, 과장 밑에 주임 식으로 내려오기 때문에 주임이라는 직책은 별로 그다지 높은 직책은 아니다. 한국의 고위직 인사가 어느 날 중국을 방문했다. 비행장으로 마중을 나온 중국 측 인사와 명함을 교환했다. 상대방의 이름이 ○○○주임으로 되어 있었다. 한국의 고위직 인사는 겨우 주임밖에 안 되는 사람을 자신의 영접에 내보냈다고 생각했다. 이는 의전에 맞지 않는, 자기를 완전히 무시한 처사라고 여겨 속으로 당연히 언짢아졌다. 이는 중국과 수교한지 얼마 안 되어 일어난 일이다. 지금은 중국의 직제에 대해 한국도 많은 이해를 하고 있기 때문에 이런 상황이 더 이상 벌어지지는 않을 것이다. 중국에서 주임(主任)이라는 직책은 어느 기관이나 부서에서 상당한 권한을 갖는 고위 간부를 말한다. 부서의 등급과 규모에 따라 주임의 지위도 물론 다르겠지만. 예를 들어 국가 최고기관의 ○○○판공실(辦公室) 주임 혹은 정협(政協)[16]주임이라면 최상위 지도자의 참모 역할을 담당한다. 하급 조직에 대한 관리와 지휘의 권한을 갖는 매우 높은 직책의 고위 관리라 할 수 있다. 우리가 생각하는 그런 초급 간부 수준의 '주임'이 아니다.

서기

우리나라에서 서기(書記)하면 시골의 면서기(面書記)나 군서기(郡書記) 정도가 연상된다. 면이나 군청에서 상사의 지휘를 받아서 문서나 사무를 정리하는 말단 공무원을 말한다. 다시 말해 펜대를 잡는 직책을 일컫는다. 하지만 중국의 경우 '서기'라는 직급은 완전히 다르다. 중국의 국가조직이나 기관은 이원화되어 있다. 하나는 행정조직이고 또 하나는 공산당 조직이다. 정부 기관의 예를 들면 우리나라의 대통령에 해당되는 국가 주석(主席)에서부터 국무원으로 연결되는 계통의 행정라인인데, 이 행정라인 이외에 공산당 조직이 별도로 있다. 공산당 중앙의 하부조직은 각 직할시·자치구·성에 분포되어 있는 성위원회(省委員會)다. 약칭 성위(省委)라고 한다. 그 아래로는 지위(地委), 또 그 아래로는 시위(市委), 이와 같은 식으로 해서 구위(區委), 현위(縣委), 진당위(鎭黨委), 향당위(鄕黨委) 등으로 구성되어 있다.

학교를 예로 들면 총장 이하 부총장 그 다음 처장으로 이어지는 계통은 행정라인이고 이외에 공산당 조직인 당위원회가 별도로 있다. 기타 다른 국영기업이나 단체에도 모두 공산당의 하부조직이 들어가 있는데, 가장 아래 조직인 당지부(黨支部)가 결성되며 이는 공산당의 가장 작은 조직이다. 이후 규모에 따라 당총지(黨總支)가 구성되는데, 총지부(總支部)라는 의미다. 규모가 더 커지면 당위(黨委), 즉 당위원회가 구성된다.

공산당의 각 조직의 책임자를 '서기(書記, shu ji)'라고 하는데 중국은 공산당이 지배하는 국가이기 때문에 모든 조직에서 '당서기'라는 직책이 그 조직에서 가장 큰 실권을 갖고 있다. 중국의 최고 지도자의 직함도 '중국 공산당 총서기'다. 이사람이 최고 지도자기 때문에 통상 공산당 총서기직과 국가주석 자리를 겸한다. 학교를 예로 들어도 대학교의 행정책임자는 총장(總長)이지만 실제 가장 큰 권한은 일반적으로 대학교 공산당위원회의 당서기에게 있다. 중요한 안건이 있으면 공산당조직과 행정조직의 지도자들이 모여서 회의를 하는데 이를 당정회의(黨政會議)라고 한다.

학원

중국을 방문한 한국 사람이 중국인 교수로부터 명함을 받았다. 명함에는 ○○학원(學院) ○○○원장(院長)이라고 적혀 있었다. 우리나라에서 '학원'하면 '영어학원' '태권도학원' 등이 연상된다. 요사이는 '학원'이라는 단어 대신에 '보습반(補習班)'이라는 표현도 많이 쓰는 것 같다. 중국에서 '학원'은 종합대학교 밑에 속한 단과대학이나 또는 전문대학 같은 교육기관을 가리킨다. 즉 위에서 받은 명함의 주인공은 우리나라의 단과대학 학장(學長) 또는 전문대학의 학장인 셈이다. '보습반'은 한국이나 중국에서 같은 의미로 사용된다.

고등학교

중국 문서에 '고등학교(高等學校)'라는 단어가 등장하면 우리는 당장 중고등학교의 고등학교를 떠 올린다. 하지만 중국에서는 우리가 말하는 고등학교는 '고급중학(高級中學)'의 줄인 말인 '가오중(高中, gao zhong)'이라 한다. 중국에서 사용하는 '고등학교(高等學校)'라는 단어는 전문대학 이상 고등교육기관을 가리킨다.

교장

교장(校長)은 우리나라에서는 소학교부터 중고등학교의 책임자를 일컫는다. 대학에서는 교장 대신에 총장(總長)이라는 단어를 쓰지만 중국에서는 일괄적으로 대학총장도 '교장'이라는 명칭을 사용한다.

사부

사부(師傅, shi fu)와 사부(師父, shi fu)는 일반적으로 같은 뜻으로 통용된다. 한국에서는 중국영화의 영향을 받아 '사부(師傅)'하면 '스승'의 의미로 많이 알고 있다. 사실 그렇다. 사부는 원래 스승의 의미로 출발했으며, 진(秦)나라 한(漢)나라 이후에는 임금의 스승이란 의미로 사용되다가 후에 점차 다시 일반 백성들의 스승도 사부라고 했다. 청(淸)나라 후기에는 장인(匠人)들 사이에서 자신의 기능을 전수하는 사람을 일컫기 시작했다. 사부(師父)도 일반적으로 사부(師傅)와 같이 기술이나 지식을 전수해주는 스승의 의미를 갖고 있다. 여기에 과거 사부일체(師父一體)의 관념이 더해져 스승은 부친과 같은 위치에 있다는 존경의 의미가 더 가해진 것이라 생각하면 무리가 없다.

오늘날 중국에서는 '사부'라는 뜻이 넓게 확장되어 주로 잘 모르는 남자한테 존칭의 의미로 많이 사용된다. 중국어로

'스푸(師傅, shi fu)'라고 발음한다. 예를 들어 길을 가다 어느 남자한테 길을 물을 때 "스푸, 길 좀 물어볼까요"라는 식으로 사용된다. 또는 식당에서 종업원을 부를 때 종업원에 대한 존칭으로도 '스푸'라고 부르며 운전기사들한테도 사용한다. 또는 상대방의 직업을 잘 모를 경우 어떻게 호칭해야 좋을지 모를 때 존칭의 의미로도 사용된다.

참고적으로 길에서나 식당에서 나이가 젊은 여자를 호칭할 때는 '예쁜 여자'라는 뜻의 '메이뉘(美女, mei nü)'라고 부르며, 나이가 든 분 또는 자신보다 나이 많은 여자한테는 '큰언니'라는 뜻의 '다제(大姐, da jie)'라고 부른다. 식당에서 종업원을 부를 때 자기보다 나이 어린 여자한테도 '다제(大姐)'라고 부르기도 하는데 이 호칭은 최근 한국 식당에서 일반적으로 부르고 있는 '이모'와 거의 같은 성격의 호칭인 것 같다.

1. https://ko.wikipedia.org/wiki/「한국의 유교」

2. '咱們'은 '자먼(za men)' 또는 '잔먼(zan men)' 두 가지 발음이 다 가능하다.

3. 中國論文網 http://www.xzbu.com/2/view-2391760.htm「淺議筷子的文化意義」

4. http://roll.sohu.com/20110819/n316796749.shtml

   회식에 이어 체육활동은 13%, 노래방은 12.12%로 나왔다.

5. 장서, 장범성 편저,『중국의 의식주 문화산책』, 한림대학교출판부, 2007.04, 66~67쪽.

6. http://koreainsights.co.kr/「3과 한국인의 삶」

7. 장범성,「중국인의 숫자 관념과 민속」,『중국학연구회 제18집』, 2000.06, 487~489쪽.

8. www.baidu.com「中國人愛面子的根源是什麼？」

9.謝京 輝 저,「面子文化與中國式浪費」52쪽 참조, (百度文庫 사이트 게재글)

10.http://baike.baidu.com/view/10006805.htm「光盤行動」

11. http://baike.baidu.com/subview/11006/8831393.htm「十二生肖」(中國民俗文化)

12.『大中華文化知識寶庫』, 湖北人民出版社, 1993.06, 1468쪽.

13.장범성,『중국인의 금기』, 살림출판사, 2004.02, 64~65쪽.

14. 장범성·고연걸 공저,『중국학 개론』, 한림대학교출판부, 2001.01, 165쪽.

15. 위키백과,「한국어의 한자」

16.정협(政協)은 '중국인민정치협상회의'의 약칭이다. 이 조직은 1949년 9월 공산당의 제의에 따라 성립됐으며, 우리나라의 국회 격인 '전국인민대표대회'가 구성되기 전까지 국회 역할을 수행했다.

정치협상회의의 주요 업무는 국가의 주요 사항에 대해 토론과 협상을 통해 정부에 의견을 개진하여 중요한 결정을 할 때 참고하도록 하는 것이다. 정협의 전국위원회 전체회의는 1959년 이래 전국인민대표대회와 같은 시기에 개최되고 규정상 매년 1회 소집된다.

프랑스엔 〈크세주〉, 일본엔 〈이와나미 문고〉, 한국에는 〈살림지식총서〉가 있습니다.

비슷하면서도 다른 한중문화

펴낸날	초판 1쇄 2017년 12월 29일

지은이	장범성
펴낸이	심만수
펴낸곳	(주)살림출판사
출판등록	1989년 11월 1일 제9-210호

주소	경기도 파주시 광인사길 30
전화	031-955-1350 팩스 031-624-1356
홈페이지	http://www.sallimbooks.com
이메일	book@sallimbooks.com

ISBN	978-89-522-3835-1 04080
	978-89-522-0096-9 04080 (세트)

※ 값은 뒤표지에 있습니다.
※ 잘못 만들어진 책은 구입하신 서점에서 바꾸어 드립니다.

이 도서의 국립중앙도서관 출판시도서목록(CIP)은 서지정보유통지원시스템 홈페이지
(http://seoji.nl.go.kr)와 국가자료공동목록시스템(http://www.nl.go.kr/kolisnet)에서
이용하실 수 있습니다.(CIP제어번호: CIP2017035131)

책임편집·교정교열 **김건희**

089 커피 이야기

eBook

김성윤(조선일보 기자)

커피는 일상을 영위하는 데 꼭 필요한 현대인의 생필품이 되어 버렸다. 중독성 있는 향, 마실수록 감미로운 쓴맛, 각성효과, 마음의 평화까지 제공하는 커피. 이 책에서 저자는 커피의 발견에 얽힌 이야기를 통해 그 기원을 설명한다. 커피의 문화사뿐만 아니라 커피에 대한 일반적인 정보 및 오해에 대해서도 쉽고 재미있게 소개한다.

021 색채의 상징, 색채의 심리

박영수(테마역사문화연구원 원장)

색채의 상징을 과학적으로 설명한 책. 색채의 이면에 숨어 있는 과학적 원리를 깨우쳐 주고 색채가 인간의 심리에 어떤 작용을 하는지를 여러 가지 분야의 사례를 통해 설명한다. 저자는 색에는 나름대로의 독특한 상징이 숨어 있으며, 성격에 따라 선호하는 색채도 다르다고 말한다.

001 미국의 좌파와 우파

eBook

이주영(건국대 사학과 명예교수)

진보와 보수 세력의 변천사를 통해 미국의 정치와 사회 그리고 문화가 어떻게 형성되고 변해왔는지를 추적한 책. 건국 초기의 자유방임주의가 경제위기의 상황에서 진보-좌파 세력의 득세로 이어진 과정, 민주당과 공화당의 대립과 갈등, '제2의 미국혁명'으로 일컬어지는 극우파의 성장 배경 등이 자연스럽게 서술된다.

002 미국의 정체성 10가지 코드로 미국을 말하다 eBook

김형인(한국외대 연구교수)

개인주의, 자유의 예찬, 평등주의, 법치주의, 다문화주의, 청교도 정신, 개척 정신, 실용주의, 과학·기술에 대한 신뢰, 미래지향성과 직설적 표현 등 10가지 코드를 통해 미국인의 정체성과 신념을 추적한 책. 미국인의 가치관과 정신이 어떠한 과정을 통해서 형성되고 변천되어 왔는지를 보여 준다.

058 중국의 문화코드

강진석(한국외대 연구교수)

중국의 핵심적인 문화코드를 통해 중국인의 과거와 현재, 문명의 형성 배경과 다양한 문화 양상을 조명한 책. 이 책은 중국인의 대표적인 기질이 어떠한 역사적 맥락에서 형성되었는지 주목한다. 또한, 구체적이고 실제적인 여러 사물과 사례를 중심으로 중국인의 사유방식에 대해 설명해 주고 있다.

057 중국의 정체성   eBook

강준영(한국외대 중국어과 교수)

중국, 중국인을 우리는 과연 어떻게 이해해야 하나? 우리 겨레의 역사와 직 · 간접적으로 끊임없이 영향을 주고받은 중국, 그러면서도 아직까지 그들의 속내를 자신 있게 말할 수 없는, 한편으로는 신비스럽고, 한편으로는 종잡을 수 없는 중국인에 대한 정체성을 명쾌하게 정리한 책.

015 오리엔탈리즘의 역사   eBook

정진농(부산대 영문과 교수)

동양인에 대한 서양인의 오만한 사고와 의식에 준엄한 항의를 했던 에드워드 사이드의 오리엔탈리즘. 이 책은 에드워드 사이드의 이론 해설에 머무르지 않고 진정한 오리엔탈리즘의 출발점과 그 과정, 그리고 현재와 미래의 조망까지 아우른다. 또한 오리엔탈리즘이 사이드가 발굴해 낸 새로운 개념이 결코 아님을 역설한다.

186 일본의 정체성   eBook

김필동(세명대 일어일문학과 교수)

일본인의 의식세계와 오늘의 일본을 만든 정신과 문화 등을 소개한 책. 일본인을 지배하는 이데올로기는 무엇이고 어떤 특징을 가지는지, 일본을 주목해야 하는 이유는 무엇인지 등이 서술된다. 일본인 행동양식의 특징과 토착적인 사상, 일본사회의 문화적 전통의 실체에 대한 분석을 통해 일본의 정체성을 체계적으로 살펴보고 있다.

261 노블레스 오블리주 세상을 비추는 기부의 역사

예종석(한양대 경영학과 교수)

프랑스어로 '높은 사회적 신분에 상응하는 도덕적 의무'를 뜻하는 노블레스 오블리주. 고대 그리스부터 현대까지 이어지고 있는 노블레스 오블리주의 역사 및 미국과 우리나라의 기부 문화를 살펴보고, 새로운 시대정신으로 노블레스 오블리주를 부활시킬 수 있는 가능성을 모색해 본다.

396 치명적인 금융위기, 왜 유독 대한민국인가 `eBook`

오형규(한국경제신문 논설위원)

이 책은 전 세계적인 금융 리스크의 증가 현상을 살펴보는 동시에 유달리 위기에 취약한 대한민국 경제의 문제를 진단한다. 금융안전망 구축 방안과 같은 실용적인 경제정책에서부터 개개인이 기억해야 할 대비법까지 제시해 주는 이 책을 통해 현대사회의 뉴노멀이 되어 버린 금융위기에서 살아남는 방법을 확인해 보자.

400 불안사회 대한민국, 복지가 해답인가 `eBook`

신광영(중앙대 사회학과 교수)

대한민국 사회의 미래를 위해서 복지는 선택이 아니라 필수라고 말하는 책. 이를 위해 경제 위기, 사회해체, 저출산 고령화, 공동체 붕괴 등 불안사회 대한민국이 안고 있는 수많은 리스크를 진단한다. 저자는 사회적 위험에 대응하기 위한 복지 제도야말로 국민 모두의 삶의 질을 높일 수 있는 길이라는 것을 역설한다.

380 기후변화 이야기 `eBook`

이유진(녹색연합 기후에너지 정책위원)

이 책은 기후변화라는 위기의 시대를 살면서 우리가 알아야 할 기본지식을 소개한다. 저자는 기후변화와 관련된 핵심 쟁점들을 모두 정리하는 동시에 우리가 행동해야 할 실천적인 대안을 제시한다. 이를 통해 독자들은 기후변화 시대를 사는 우리가 무엇을 해야 할 것인지에 대하여 생각해 볼 수 있을 것이다.

eBook 표시가 되어있는 도서는 전자책으로 구매가 가능합니다.

(주)살림출판사
www.sallimbooks.com
주소 경기도 파주시 문발로 522-1 | 전화 031-955-1350 | 팩스 031-955-1355